Nicolas Hoffmann

Jeder denkt an sich –
nur ich denk an mich

W0086561

HERDER / SPEKTRUM

Band 4401

Das Buch

Leben wir in einer Gesellschaft von Narzißten, selbstbezogenen Menschen, die vor allem ihr eigenes Selbstwertgefühl hätscheln, Kritik kaum ertragen können und sich im Glanz grandioser Selbstverblendung sonnen? Gehen wir in eine Zukunft, die bestimmt ist vom Charaktertyp des dynamisch-rücksichtslos-erfolgreich-selbstbezogenen Menschen, für den die Beziehungspersonen als Individuen bedeutungslos sind, allenfalls noch akzeptiert werden als Schmuckstück zur Erhöhung des eigenen Selbstwertgefühls? Und wenn es so wäre, welche Bedeutung, welche Folgen hätte diese Erkenntnis für die seelische Gesundheit des Einzelnen und für das gesellschaftliche Zusammenleben? Leiden immer nur die andern oder auch der Narziß? Narzißmus – das Lebenskonzept der kommenden Generation oder eine charakterliche Fehlkonstruktion oder beides zusammen? Ein erfahrener Psychologe und Therapeut leuchtet in diesem Buch hinter die Fassade des alltäglichen Narzißmus – nicht um zu entlarven, sondern um Verständnishilfen zu geben und um Perspektiven für Veränderung und Verbesserung aufzuzeigen und Hinweise für ein sinnvolles Umgehen anzubieten. Der narzißtische Mensch ist kein glücklicher Mensch, und eine Gesellschaft mit lauter Narzißten ist letztlich nicht lebensfähig.

Es ist darum ein notwendiges Buch, das der Autor geschrieben hat. Es hat das Ziel, dem Leser zu zeigen, wie eine narzißtische Persönlichkeitsstruktur zu erkennen ist, wie man mit dem Narzißmus (dem eigenen und dem der Mitmenschen) konstruktiv umgehen kann und wie diese Persönlichkeitsstörung gemildert und letztlich geheilt wird.

Der Autor

Nicolas Hoffmann, Dr. phil., Diplompsychologe; Dozententätigkeit; Leiter des Lehrinstituts für Verhaltenstherapie e. V., Berlin. Seit über 20 Jahren arbeitet er therapeutisch in Berlin mit zunehmender Spezialisierung auf narzißtische Persönlichkeitsstörungen und Zwangserkrankungen. Zahlreiche Veröffentlichungen. Bei Herder/Spektrum: Seele im Korsett (Band 4303).

Nicolas Hoffmann

Jeder denkt an sich – nur ich denk an mich

Der alltägliche Narzißmus – Engpässe und Auswege

Herder

Freiburg · Basel · Wien

Gedruckt auf umweltfreundlichem,
chlorfrei gebleichtem Papier

Originalausgabe

Alle Rechte vorbehalten – Printed in Germany
© Verlag Herder Freiburg im Breisgau 1995
Herstellung: Freiburger Graphische Betriebe 1995
Umschlaggestaltung: Joseph Pölzelbauer
Umschlagmotiv: René Magritte, La réproduction interdite
© VG Bild-Kunst, Bonn 1994
ISBN 3-451-04401-3

Inhalt

Denken Sie daran: Wir besitzen einen
Nebelgenerator.
Hermann Burger

Wohlleben

Der Zufall eines Wolkenbruchs trieb mich eines Sommertages für wenige Augenblicke in die Fleischerei Wohlleben*. (*Anmerkung: Alle Namen dieses Manuskripts sind geändert.*)
Dort verweilte ich aber weit länger als die atmosphärischen Bedingungen es erfordert hätten. Monate sind seit diesem unvorhergesehenen Besuch vergangen, doch vergesse ich nicht sobald, was sich mir darbot. Es muß mich in einer Art getroffen haben, die einem Schock gleichkam. Trotz aller Schwierigkeiten, das Ereignis zu benennen, scheint mir der Ausdruck Proteinschock noch der treffendste zu sein.

Protein in den Theken, auf den Theken, vor den Theken, hinter den Theken. In und auf Glastruhen dutzendweise Entseeltes, schön säuberlich in Häute gepreßt oder am Stück. Mit dicken bunten Lettern beklebte Tafeln inmitten dieser verschwenderischen Vielfalt des Fleisches hoben noch einmal Besonderes hervor wie: Putenkeulensülze, 100 Gramm DM 3,95 oder völkerverbindend: hausgem. ungar. Salami, 100 Gramm DM 2,85. Vor den Theken, herrisch mit wurstigen Fingern auf ihre Lieblingsspezialität deutend, eilige, gierige Kundschaft. Um runde Tische herum, die die ganze Fensterfront einnahmen, vor dampfenden Tellern, Essende, fleischige Schulter an fleischiger

Schulter. Hinter den Theken schließlich durchaus stämmige rosige Wesen, teilweise noch mit kasachisch-russischem Akzent, aber schon souverän im Angebot. Eine unter ihnen, wohl in festem Besitz, trug ein breites, hundebandähnliches Metallhalscollier, bestehend aus dem deutlich lesbaren Schriftzug: Ralf.

Ralf? Wie taumelnd fand ich mich irgendwann auf der Straße wieder. Keines der noch intakten Wesen, die die Fleischerei Wohlleben bevölkerten, hatte sich auf mich gestürzt, um mir sein Leben zu erzählen und danach eine augenblickliche Wende desselben angefordert. Keines von ihnen hatte mich auch nur für einen Augenblick hilfesuchend angeschaut. Das, womit sie gerade beschäftigt waren, schien ihnen offensichtlich so bedeutsam und dermaßen über jeden Zweifel erhaben, daß keinerlei Bedarf an einem solchen selbstzerfleische-rischen Getue bestand. Ich mußte wohl oder übel zu-geben: Es gab sie also doch, die anderen, vor gesundem Protein und Zufriedenheit Strotzenden, die ich schein-bar gänzlich aus den Augen verloren hatte. Ich verglich sie, leicht schaudernd, mit den bläßlichen Exemplaren, denen ich bislang, meist in schummerigen Räumen, ei-nen großen Teil meiner halbwachen Existenz gewidmet hatte. Ich versuchte, zu deren Ehrenrettung im Geiste diejenigen Merkmale aufzuzählen, die sie aus der Masse herausragen ließen: Ängste, phobischer, sozial-phobi-scher oder generalisierter Art, Zwänge, Depressionen, Eßstörungen (man bedenke: Eßstörungen!), aber auch Ausbildung in einem oder mehreren Therapieverfahren, Psychosen und dergleichen mehr. Aber es griff nicht. Ich kam nicht los von den anderen. Die regengußbe-dingte Exkursion in eine neue Welt hatte mich verän-dert. Ich war danach fest, ja beinahe fanatisch entschlossen, mich mit den prachtvollsten Exemplaren dieser Gattung zu befassen und die Art, wie sie leben und gedeihen, in der Praxis und außerhalb, geradezu einem Studium zu unterziehen. Ich ahnte damals nicht, was mich dabei erwarten würde. Ich war voller Enthusiasmus bei dem Gedanken an die neue Aufgabe. Ralf!

Als ich wenige Tage später meinem Bekannten Schwarz gegenüber mein Projekt andeutete, sagte er: „Vorsicht." Und dann: „Der Sohn der Nymphe." Ich sah ihn fragend an, und er erläuterte: „Narziß, der Sohn der Nymphe. Ihr neues Thema." Bei unserem nächsten Treffen sagte ich mehr beiläufig: „Zu Narziß, ich muß mir die Quellen besorgen." Schwarz meinte: „Nicht nötig." Er zog eine Klarsichthülle aus seiner Aktentasche und entnahm ihr mehrere Fotokopien. Er sprach: „Hier. Ovid, Die Metamorphosen, 339 bis 510. Als Erläuterung dazu empfehle ich: Der kleine Pauly, Lexikon der Antike in fünf Bänden, München 1979, Band drei, Seite 1572 bis 1574."

So ist er. Er meinte noch einmal dunkel: „Vorsicht." Dann ließ er mich allein und strebte Wichtigerem entgegen.

Pauly gab an: „Narziß, ein schöner Jüngling, der sich in sein eigenes Spiegelbild im Wasser verliebt, vor Sehnsucht dahinschwindet und dann in die gleichnamige Blume verwandelt wird."

Dann las ich bei Ovid:

„Sie erlitt Gewalt, die reizende Nymphe. Schwanger geworden, gebar sie ein Kindlein, welches schon damals Liebe verdiente und nannt' es Narcissus; und als man den Schicksal kündenden Seher befragte, ob je dieser Knabe zu hohem Alter gelange, da gab er zur Antwort: „Ja, wenn er sich fern bleibt."

Und: „Doch es beseelte den zärtlichen Körper die sprödeste Härte: Niemand vermochte den Schönen zu rühren."

Und: „Er schweifte durch weglose Fluren, als er flüchtige Hirsche im Netze zu jagen versuchte."
Schließlich las ich: „Ein seltsames Rasen, ein sonderbar Sterben!"

Was ist Narzißmus?

„Nun, bei uns", sagte Alice, noch ein wenig atemlos, „bei uns kommt man gewöhnlich anderswo hin, wenn man lange Zeit sehr schnell rennt, so wie wir es soeben getan haben."
„Eine langsame Gegend", stellte die Königin fest.
„Nun, bei uns, siehst du, bei uns mußt du so schnell laufen, wie du nur kannst, um bloß auf derselben Stelle zu bleiben. Um anderswohin zu gelangen, muß man mindestens doppelt so schnell laufen!"
Lewis Carroll

Schwarz läßt nie seinen Regenschirm stehen. Auch jetzt, auf dem Weg nach Hause, hat er ihn fest unter den Arm geklemmt, so als wolle er die Sicherheit, die ein so nützlicher Gegenstand zweifellos verleiht, stets wohltuend am eigenen Leibe spüren. Die Hand umklammert den Griff der Aktentasche: unverlierbar. So gewappnet, schreitet er rüstig voran. Schaufenster beachtet er grundsätzlich nicht, Menschen, die ihm entgegen kommen, auch nicht. Ein Weg ist ein Weg, er will gegangen werden, und das duldet keinerlei Ablenkung.

Er ist ja nicht unbegabt, aber es ist immer das gleiche, stellt Schwarz fest und nickt sich bedeutungsvoll zu. Immer haben sie große Pläne: ‚Ich muß mir die Quellen besorgen.' Aber bei dem Vorsatz bleibt es meist. Er war geradezu verblüfft, als ich ihm den Stoff auf den Tisch legte, einfach so, obwohl mich die ganze Sache ja eigentlich nichts angeht. Ein Anflug von Stolz kommt auf, und die Hand drückt den Griff fast liebevoll. Doch dann wechselt die Stimmung. Sorgfalt, Genauigkeit und Fleiß werden ja heutzutage als Sekundärtugenden diffamiert. Schwarz blickt verächtlich gerade vorbeigehende Individuen an und wendet sich dann wieder ostentativ von ihnen ab. Wie oft hat man ihn kritisiert oder sogar verlacht, wenn er nicht bereit war, auch nur einen Millimeter vom rechten Weg abzuweichen. Wieviel Nachteile hat er für seine unbeugsame Haltung in Kauf nehmen müssen. Welch eine Welt! Er denkt mit Schaudern, aber nicht ohne eine gewisse Genugtuung an eines seiner Lieblingsbilder: Die vier Reiter der Apokalypse. Sie kommen bestimmt.

Die Ampel an der Kreuzung springt auf Rot, Schwarz steht. Keine Autos weit und breit. Er blickt triumphierend um sich. Ein Penner überquert trotzdem die Straße, dann ein anderer Penner und noch ein Penner.

Schwarz auf dem Weg nach Hause. Ein Passant sähe bloß einen etwas streng gekleideten Herrn, der hurtig die Straße entlangläuft. Er würde nichts ahnen von der Vielfalt und Komplexität dessen, was in dem Moment in ihm vorgeht. Vor wenigen Minuten, als er mir eine Lektion in Zielstrebigkeit, Genauigkeit, aber auch in selbstloser Hilfsbereitschaft erteilte, war seine Aufmerksamkeit ganz auf die Außenwelt, auf mich, meine Reaktion und dergleichen mehr gerichtet.

Jetzt ist um ihn herum nicht viel los. Er legt bloß einen ihm wohlbekannten Weg zurück und, wir haben es verstanden, für Schwarz ist ein Weg bloß ein Weg. Nun richtet sich seine Aufmerksamkeit ganz automatisch auf die eigene Person.

In unserem Bewußtsein vollzieht sich ständig ein natürlicher Wechsel zwischen Momenten, in denen wir uns mehr nach außen, das heißt auf unsere jeweilige Umwelt hin orientieren und solchen, in denen unsere Aufmerksamkeit mehr uns selber gilt.

Geraten wir auf irgendeine Weise in den Zustand der Selbstaufmerksamkeit, so rücken ganz bestimmte Aspekte unserer Person, so wie wir sie sehen, in den Vordergrund. Wir beschäftigen uns innerlich mit den eigenen Gefühlen, Einstellungen, Erwartungen oder Zielen. In solchen Momenten verarbeiten wir vergangene Situationen, wenn sie für uns einen gewissen Grad an Wichtigkeit hatten oder wir bearbeiten bevorstehende, das heißt, wir bereiten uns innerlich auf sie vor. Wir verlieren dabei nie ganz den Bezug zur Außenwelt, wir sind schließlich unzertrennbar mit ihr verflochten, aber trotzdem steht die eigene Person im Zentrum.

Diese Auseinandersetzung mit uns selbst verfolgt wichtige Ziele, wir können dabei geradezu von innerer Arbeit sprechen. Verdeutlichen wir uns das am Beispiel von Herrn Schwarz. Er hat wie jeder Mensch im Laufe seiner Entwicklung eine Anzahl von Normen und Standpunkten übernommen, die ihm vorgeben, nach welchen Maßstäben er sein Leben ausrichten soll. So entstand sein Idealbild. So, wie wir Schwarz kennen, ist es bei ihm besonders ausgeprägt und fordernd. Es enthält mit Sicherheit Eigenschaften wie Ernsthaftigkeit im Umgang mit den Dingen des Lebens, Gewissenhaftigkeit, Genauigkeit und Verläßlichkeit. Hinzu kommt vermutlich eine gewisse Strenge gegenüber allem davon Abweichenden, aus Angst vor möglichem eigenen Versagen, aber auch aus einem Gefühl der

Überlegenheit heraus über diejenigen, die glauben, es sich leicht machen zu können.

Ein Teil der seelischen Arbeit, die ich vorher als typisch für den Zustand der Selbstaufmerksamkeit angesprochen habe, besteht darin, für die jeweilige Situation relevante Teile des Ich-Ideals zu aktivieren, das heißt, sie sich bewußt zu machen. Dadurch definiert Schwarz sich sozusagen noch einmal selber: Dies ist die Art, wie ich zu sein wünsche oder zumindest, wie ich zu sein habe.

Begleiten wir ihn weiter auf seinem inneren Weg. Er hat nicht nur ein Bild davon, wie er sein sollte, sondern auch eines, das ihm zeigt, wie er sich eben selbst erlebt hat, zum Beispiel, als er sich mit mir getroffen hat. Die wichtigsten Elemente davon bestimmen das, was man sein momentanes Real-Selbst nennt. Er hat sich gründlich auf unsere Begegnung vorbereitet, indem er freiwillig, und wie wir ihn kennen, ohne einen Dank dafür zu erwarten, *meine* Arbeit geleistet hat: Er hat sich sachkundig gemacht, den Ovid fotokopiert und so weiter. Ernsthaft, wenn auch etwas herablassend, hat er mich vor den Schwierigkeiten des Unternehmens gewarnt und in dem Moment, als meine Bewunderung für ihn einen Höhepunkt erreicht hatte, sich bescheiden zurückgezogen. Es erfolgt jetzt automatisch der Vergleich zwischen Anspruch an sich selbst und Bewertung der aktuellen Leistung. Fiele sie negativ aus, das heißt, bliebe sein aktuelles Real-Selbst stark hinter dem Ideal zurück, so wäre diese Vorstellung von einem unangenehmen Spannungszustand begleitet, von einem Gefühl des Versagens, das er als Unzufriedenheit mit sich selbst oder gar als Scham empfinden würde.

Im Extremfall, wenn solche Erlebnisse sich öfter

wiederholten, müßten daraus sehr unangenehme Konsequenzen für die dauerhafte Wertschätzung gegenüber der eigenen Person gezogen werden. Das versuchen Menschen zu verhindern. Sie sind bestrebt, so weit wie möglich ihren Ansprüchen an sich selbst zu genügen. Aber darüber hinaus – sicher ist sicher – betonen sie in ihrer eigenen Rückschau vor allem diejenigen Aspekte ihres Verhaltens, die ihren Idealen noch am ehesten entsprochen haben und übersehen dabei großzügig vieles, was damit weniger in Einklang steht. Um der Erhaltung ihres positiven Selbstbildes willen bringen sie es oft zu erstaunlichen Leistungen im Zurechtrücken ihrer eigenen Erinnerung an das, was sich vor langer Zeit oder erst vor wenigen Minuten abgespielt hat. Daraus erklären sich auch teilweise die erstaunlichen Diskrepanzen, die oft bestehen zwischen den abweichenden Interpretationen ein und derselben Begebenheit durch verschiedene Beteiligte. Jeder hat sie so wahrgenommen und beurteilt, wie es der Aufrechterhaltung des eigenen Selbstwertgefühls dienlich war, wenn es sein muß auch um den Preis schwer nachvollziehbarer innerer Klimmzüge. „Das habe ich getan, sagt mein Gedächtnis. Das kann ich nicht getan haben, sagt mein Stolz und bleibt unerbittlich. Endlich gibt das Gedächtnis nach." Das wußte schon Nietzsche.

Kehren wir zu Schwarz zurück, der dermaßen hart an sich, doch auch für sich arbeitet. Das Rot einer Verkehrsampel holt ihn wieder ganz in die Außenwelt zurück. Doch für ihn ist sie weit mehr als eine neutrale Vorrichtung zur Verkehrsregelung. Er hat sie geradezu zu einem Symbol seiner Selbstdisziplin erkoren. Er steht davor wie eine Eins, besonders wenn es keinen Verkehr zu regeln gibt. Dann vermischt sich die mannhafte Haltung des Gesetzestreuen mit dem leicht wohligen Schauer desjenigen, der überzeugt ist, für eine große Sache zu kämpfen. Schwarz verfügt über ein weit gefächertes Arsenal solcher Zeichen der Selbstdefinition. Sie repräsentieren für ihn und die anderen das, wofür er steht. Da ist der ewige Regenschirm, untrüglicher Beweis für die Umsicht, mit der er sein Leben zu bewältigen weiß, die Aktentasche, stets angefüllt mit der Dokumentation seines nie erlahmenden Fleißes und vieles andere mehr bis hin zu den ausgezeichneten Manieren seines Sohnes, der sich durch seine Art wohltuend aus der allgemeinen Verwahrlosung seinesgleichen hervorhebt.

Doch lassen wir Schwarz.

Er hat sich wieder einmal entschädigt für viele Widrigkeiten, die ihm im Laufe seines Lebens widerfahren sind. Das eben Geleistete erfüllt ganz seine Ansprüche: So ist der Schwarz, nun seht einmal daneben die anderen. So lautet sein Fazit.

Die vier Reiter der Apokalypse, die zuletzt durch seinen Kopf preschten, sind gerade durch die Furcht, die sie einflößen, die Garanten dafür, daß er weiter auf dem rechten Weg bleiben wird. Aber darüber hinaus stehen sie vor allem für die Niederlage, die seine Widersacher, die Bequemen, Lauen und Selbstsüchtigen unentrinnbar ereilen wird. Gut so, grün, weiter.

Wozu macht Schwarz das alles? Die Art und Weise, wie der Mensch sich selbst beurteilt, ist einer ständigen Anfechtung durch äußere Ereignisse und den damit einhergehenden Erlebnissen ausgesetzt. Will er sich weiter als ein konsistentes Ganzes erleben, also als Identität, so müssen wichtige Erlebnisse registriert, ausgewertet und bewertet werden. Dadurch wird zwangsläufig immer wieder ein Vergleich zwischen den Idealen und seinen jeweiligen Beobachtungen des eigenen Verhaltens wachgerufen. Fällt der Vergleich zu oft und zu stark zu seinen Ungunsten aus, so wird er krank.

Der gesunde Mensch versucht, wie wir gesehen haben, sich so zu verhalten, aber auch, sich die Wirklichkeit so zurechtzulegen, daß der Vergleich vorteilhaft für ihn ausfällt. Die Arbeit, mittels der er dies anstrebt, nennen wir Narzißmus. Narzißmus ist somit etwas völlig Normales, ja Unentbehrliches für die Aufrechterhaltung des inneren Gleichgewichtes. Alle Menschen gehen bei entsprechenen Anlässen so vor. Schwarz ist sicherlich nicht das, was wir im alltäglichen Sprachgebrauch einen Narzißten nennen würden, eher das Gegenteil, aber auch bei ihm konnten wir diese Bestrebungen beobachten.

Ich betone deshalb noch einmal: Diese Arbeit ist sinnvoll und damit die eben beschriebenen narzißtischen Tendenzen, wenn sie ein gewisses Ausmaß an Quantität nicht überschreiten und an Qualität nicht unterschreiten. Dann allerdings sieht es anders aus.

Ich möchte bei der näheren Behandlung des Themas zuerst kurz aufzeigen, daß sogar die Menschheit in ihrer Gesamtheit nicht ohne eine gewisse kollektive narzißtische Arbeit auskommt. Dann möchte ich mich mit den Formen und Folgen einer übermäßigen Tendenz zum Narzißmus im täglichen Leben befassen, da, wo er außer Kontrolle zu geraten droht.

Erfolgreiche gesunde narzißtische Arbeit ist eine diffizile, heikle und anspruchsvolle Angelegenheit. Es sieht dabei oft so aus, als lebten wir im Reich der Königin, als müßten wir doppelt so schnell rennen, wie wir können, um bloß auf der Stelle zu bleiben.

Der kollektive Narzißmus

Wir eilen bar jeder Sorge dem Abgrund entgegen,
nachdem wir alles mögliche aufgestellt haben, das ihn
uns verbirgt.
Blaise Pascal

Die Menscheit lebt seit jeher über ihre Verhältnisse, zumindest ab dem Moment, in dem sie einen Bewußtseinszustand erreicht hat, der ihr die letzten Tatsachen des eigenen Daseins mit schmerzhafter Deutlichkeit hätte vor Augen führen können. Ab dann kam sie nicht mehr ohne Hilfskonstruktionen aus, die ganz und gar den Charakter kollektiver narzißtischer Arbeit haben. Wie es ihr gelungen ist, durch Uminterpretation und Überhöhung der realen Existenzbedingungen einen Rahmen zu schaffen, in dem sich die Fiktion eines sinnvollen Lebens aufrechterhalten läßt, stellt zunächst eine großartige Leistung dar.

Wodurch wurde dieses gemeinsame Rettungsunternehmen notwendig und wie sieht es in groben Zügen aus?

Das zentrale Problem, das es zu lösen galt, war selbstverständlich das des Todes.

Menschen sind die einzigen Wesen, die wissen, daß sie sterben müssen. Darüberhinaus wissen sie, daß sie es wissen. Möglich ist es ihnen einzig und allein über kurze Zeitspannen, nicht daran zu denken, wenn andere Eindrücke ihr Bewußtsein ausfüllen. Damit ist der Skandal aller Skandale in die Welt gesetzt.

Die Rückkehr des menschlichen Körpers in den Zustand schlichter Materie ist unbestreitbar, also scheinbar das Ziel, auf das alles Leben hinausläuft. Die bloße Erkenntnis dieser Tatsache, ihre Zurkenntnisnahme ohne Wenn und Aber, löst bei den Hellsichtigsten einen metaphysischen Taumel aus, den niemand besser ausgedrückt hat als der große französische Mathematiker und Philosoph Pascal:

„Bedenke ich die kurze Zeit meines Lebens, aufgezehrt von der Ewigkeit vorher und nachher; bedenke ich das bißchen Raum, den ich einnehme, und selbst den, den ich sehe, verschlungen von der unendlichen Weite der Räume, von denen ich nichts weiß und die von mir nichts wissen, dann erschaudere ich und staune, daß ich hier und nicht dort bin, jetzt und nicht dann."

Andere würde eine illusionslose Betrachtung ihres Loses augenblicklich seelisch in Stücke reißen oder für kurze Zeit zu Wesen machen, gegenüber denen Nero und Caligula sich wie Chorknaben ausnähmen. Als dem römischen Kaiser Caligula von seinem Erzieher versichert worden war, alle Menschen, auch Caesaren, seien sterblich, schaute er zuerst verwirrt und ungläubig drein, sagte aber: *Dann* ist alles erlaubt. Bald danach verwarf er den Gedanken an die eigene Sterblichkeit, nicht aber den an die unbegrenzte Freiheit, alles tun zu dürfen, „ob des erlittenen Schreckens".

Die meisten hatten wohl das Erlebnis, das Cioran „ausgerenkte Zeit" genannt hat: „Bar jeglichen Inhalts und ohne auch nur den leisesten Anschein einer Bedeutung folgt ein Augenblick dem anderen: Sie spulen sich ab, sie nehmen einen Verlauf, der nicht der unsrige ist. Gefangen in stumpfen Wahrnehmungen, sehen wir ihrem Verfließen zu."

Und wenn die Unmöglichkeit, dies weiter zu ertragen, uns nicht in die Selbstvernichtung triebe, dann würden wir endgültig zu „Routiniers der Verzweiflung" und willigten in unser Kadaverdasein ein. Wenn wir dann schließlich sterben, erledigen wir nur noch eine längst fällige Formalität.

Daß diese Beschreibungen nicht das Grundbefinden der meisten Menschen wiedergibt, davon konnten wir uns spätestens anläßlich des kurzen Besuches in der Fleischerei Wohlleben überzeugen. Hegel, der nicht zu Übertreibungen neigte, meinte, die ganze Geschichte erzähle davon, wie der Mensch mit dem Tod umgeht.

„Wo aber Gefahr ist, wächst das Rettende auch", tröstete uns Hölderlin, kurz bevor er in den Turm stieg, und das Rettende nahm seinen Lauf.

Derart konfrontiert mit ihrer Winzigkeit in Raum und Zeit, mit ihrer Verletzlichkeit und ihrer Hinfälligkeit, sollte die Menschheit über sich hinauswachsen, im vollsten Sinne des Wortes, und eine gigantische narzißtische Arbeit leisten. Sie war verdeckt in dem Sinne, daß ihr letztes Ziel, nämlich die grundlegende Fragwürdigkeit des menschlichen Daseins zu kaschieren, nie ganz offengelegt wurde, aber gerade deshalb scheint sie ausreichend erfolgreich gewesen zu sein. Dadurch bleibt den meisten erspart, was bisher beschrieben werden mußte und von dem wir uns nun beruhigt abwenden können.

Ein zu allen Zeiten und universell eingesetztes Hilfsmittel bei der kollektiven Rettungsaktion ist die Trennung von Leben und Tod. Die Sterbenden und erst recht die Toten werden aus der Gemeinschaft der Lebenden verstoßen und in Ghettos verfrachtet, wo sie, nach mehr oder weniger ausführlichen Abschiedsritualen, verbannt bleiben.

Doch durch die ostentative Distanz, die zum Tod hergestellt wird, ist bestenfalls eine Art kosmetische Lösung des Problems erreicht, nichts, was einer wirklich gelungenen narzißtischen Bearbeitung entspräche. Die fängt zweifellos da an, wo das Wesen des Todes, nämlich die endgültige Vernichtung des Einzelindividuums, geleugnet wird. Die Tatsache des Todes als solche kann ja nie in Frage gestellt werden. Der Mensch erstarrt zum Leichnam, gibt keine Regungen mehr von sich und zerfällt nach inzwischen wohlbekannten biochemischen Gesetzmäßigkeiten. Doch jeder Tod ist auch mein Tod: Er deutet unabwendbar auf meine eigene Bestimmung hin. Die narzißtisch motivierte Bearbeitung dieses ungeheuerlichen Erlebnisses und der damit einhergehenden unerträglichen Demütigung war relativ einfach: Aus der Fähigkeit des Menschen, sich von seinem Körper zu distanzieren, wurde eine Substanz abgeleitet, die zwar eine Zeitlang eng mit dem Körper verwoben ist, aber durchaus auch ein Eigenleben führen kann. Sie kann sich sozusagen vom Körper desolidarisieren in dem Augenblick, in dem dieser einer nicht erstrebenswerten Bestimmung entgegengeht. Mit der Behauptung der Erhaltung der „Seele" war ein Postulat in die Welt gesetzt, das keinerlei empirische Widerlegung zu befürchten hatte: Niemand würde je das Gegenteil beweisen können. Darüberhinaus war diese Behauptung immer noch glaubhafter als die Idee des Todes als endgültige eigene Vernichtung.

Diese am weitesten verbreitete Lösung des Problems wurde in den einzelnen Kulturkreisen verschiedenartig ausgeformt, wobei der kollektive Narzißmus sich von seiner kreativsten und prächtigsten Seite zeigte.

Meist wurden der Seele verschiedene Bestimmungsorte zugewiesen, je nachdem, wie sie sich bewährt hatte zu der Zeit, als sie noch mit dem schwerfälligen und zu mancherlei Übeln neigenden Körper verhaftet war. Ein französicher Soziologe hat nach einer vorläufigen Sichtung des Materials allein 67 verschiedene Formen des Paradieses aufzeigen können, eine erstrebenswerter als die andere. Fürwahr Grund genug, bei der Stange zu bleiben, weil die meist damit einhergehenden Beschreibungen des zukünftigen Domizils der Versager auf Erden ja auch nicht gerade phantasielos sind.

Die Wucht und Majestät der Pyramiden, in deren Mitte sich ein winziges, runzeliges Männchen verbirgt, das auf seine Ewigkeit wartet, ist wie kaum etwas anderes ein Symbol für den menschlichen Narzißmus in seiner Vollblüte. Die Intensität, mit der an dieser rettenden Idee festgehalten wird, hat geradezu beschwörenden Charakter. Vor kurzem wurden die ältesten religiösen Texte der Menschheit in Ägypten entziffert. Sie beginnen immer wieder mit demselben magischen Ausruf: „O, König! Sicher gehst Du nicht tot von uns, sondern lebendig."

So wird in zahllosen Variationen die Unvernichtbarkeit des eigenen Ichs konfabulatorisch begründet, doch sie sind nicht unser Thema. Nur noch ein Beispiel: Man hört heutzutage nicht selten, meist in Lokalen bei überbackenem Broccoli und Edelzwicker, nach und nach vom ärmlichen Leben einer chinesischen Reisbäuerin, dann vom herzerreißenden Schicksal einer

ägyptischen Prinzessin, ergänzt durch die Daseins-
wirren eines römischen Legionärs (dieser dann meist
bei Rinderfilet durchgebraten, mit Côtes du Rhône):
die Seelenwanderung, meist Reinkarnation (gelegentlich auch Reinkranation genannt) ist auch hier ausge-
brochen und deckt inzwischen die berechtigten Über-
lebensgelüste weiter Schichten der Bevölkerung ab.
Tod, wo ist dein Stachel, irgendwie wird es schon wei-
tergehen, sagt sich meist Narziß und geht zu den Ta-
gesgeschäften über.

Bei deren Abwicklung wird manchmal ein anderer
kollektiver Regulationsmechanismus des narzißtischen
Bedürfnisses nach Wichtigkeit deutlich, der den ersten
ergänzen oder aber ersetzen kann. Er besteht darin, den
Wert der Grundsätze zu überhöhen, nach denen das eigene Leben geführt wird. Die Wertvorstellungen einzelner Gruppen gelten als haushoch überlegen, verglichen
mit denen anderer. Das Zusammengehörigkeitsgefühl
schirmt dann subjektiv gegenüber narzißtischen Verletzungen ab. Ist man einmal im Besitz der Wahrheit,
wiegen die großen und kleinen Demütigungen des Lebens nicht mehr so schwer. Darüberhinaus ist meist
der Gedanke an eine Berufung im Gemeinwesen nicht
mehr weit: Dann werden mit wahrer Großmut Glücks-
rezepte verteilt.

Wenn andere ihre eigenen Geschichtchen für mindestens genauso geeignet halten, können sich die Fronten
verhärten. Bei soviel entfesselter Fürsorge für den
Nächsten geht es dann, weit ab vom faden Geplänkel
tagespolitischer Auffassungen oder von mehr oder weniger inspirierten Verkaufsstrategien für den eigenen
Himmel, ganz anders zur Sache. Sendungsbewußtsein
wird zu Fanatismus, kollektive Narzißmen, nationali-

stischer oder religiöser Prägung, geraten aneinander und leben meist genau das Gegenteil von dem vor, was zu preisen sie angetreten waren.

Cioran kommentiert unerbittlich: „In Zeiten mystischer Exaltation hält das Gestöhn der Opfer dem Aufschrei der verzückten die Waage... Galgen, Kerker, Bagnos: sie gedeihen nur im Schatten eines Glaubens, im Schutze jenes Glauben-Müssens, das den Geist für alle Ewigkeiten verseucht hat."

So ergänzen sich bei den meisten Menschen Unsterblichkeit und Unfehlbarkeit aufs trefflichste. Beide verbrieft durch den tiefen Blick, den Narziß seinem eigenen Spiegelbid zuwarf im Wasser; erinnern Sie sich?

Ich habe den kollektiven Narzißmus nur am Rande gestreift und vieles vielleicht unzulässig vereinfacht dargestellt. Nicht alle kultivieren ihn im gleichen Maße. Es gibt sogar Individuen, die behaupten, den Gedanken an die eigene Endlichkeit recht gut ertragen zu können und die letzte Wahrheit nicht zu kennen. Doch wie es dabei im Grunde ihres Herzens aussieht, bleibt meist verborgen, und suspekt erscheinen sie den anderen allemal.

Eines bleibt sicher: Das „Glauben-Müssen" an irgendetwas mit dem mehr oder weniger verhohlenen Ziel der Selbstüberhöhung verschont kaum jemanden, zumindest die nicht, für die es unerläßlich ist, sich mit anderen zusammen heimisch zu fühlen. Viele Inhalte, auch durchaus ehrenwerte, bieten sich dafür an, wenn es darum geht, sich um eine Idee zu scharen, die geeignet erscheint, dem eigenen Leben einen Sinn zu geben. Doch ich will niemandem zu nahe treten.

Kollektiver Narzißmus ist offensichtlich die unver-

meidbare Antwort der Menschen auf ihr Schicksal, von
Pierre Jean Jouve folgendermaßen beschrieben:

> *„Vom ersten Tick bis zum letzten Tack*
> *schlägt das Tam-Tam in der Brust*
> *den Takt zum Tanz des Todes*
> *der da drinnen wächst."*

Soviel sahen wir: Er spendet viel Trost, kann die Menschen für einige Zeit einen und schafft großartige Kulturleistungen, in seinen fanatischen Exzessen aber auch viel Leid und bringt gelegentlich Vernichtung. Manchmal vermischen sich dabei aufs grauenhafteste Tragik und unfreiwillige Komik.

Berlin brennt. Die Rote Armee steht am Potsdamer Platz. Sie kämpft noch gegen Greise und Kinder. Hitler in dem Bunker unter der Reichskanzlei, schlotternd über Modelle zukünftiger Bauten für die Hauptstadt Germania gebeugt. Speer tritt hinzu, und beide besprechen wieder leidenschaftlich ihre liebste gedankliche Schöpfung: Die Ruinenwerttheorie. Die Ruinenwerttheorie besagt, daß zukünftige, für Jahrtausende zu errichtende Bauten so konzipiert sein müssen, daß sie auch noch nach ihrem Zerfall, also nochmals Jahrtausende später, als Ruinen grandios, ja geradezu einmalig wirken. So müssen sie gebaut werden, daran besteht kein Zweifel, jawohl, mein Führer, ja, Speer. Ein Schauer durchfährt beide, soviel Größe in einer versinkenden Welt.

Hitlers letzte Mahlzeit, zubereitet von seiner Diätköchin, Fräulein Manzialy: Spaghetti mit leichter Tomatensauce. Doch nun zum eigentlichen Thema.

Der alltägliche Narzißmus

Narzißtische Identitätsarbeit ist sowohl auf kollektiver wie auch auf individueller Ebene ein ganz natürlicher und sinnvoller Vorgang, dem eine große Bedeutung bei der Entstehung und Erhaltung des Selbstwertgefühls von Menschen oder Gruppen zukommt. Narzißtische Bedürfnisse veranlassen zu solchen Verhaltensweisen, aus denen wir positive Rückschlüsse im Sinne einer Selbstbestätigung ziehen oder von denen wir erwarten, daß sie ein positives Echo auslösen bei denen, die uns wichtig sind. Narzißtischer Selbstwertschutz veranlaßt uns aber auch, bestimmte Situationen so zu interpretieren – und oft genug umzuinterpretieren – daß sie in unser positives Selbstbild passen. So gesehen müßte man meinen, Narzißmus hätte immer positive Folgen. Er stabilisiere das Selbstvertrauen und führe die Menschen von Erfolgserlebnis zu Erfolgserlebnis. Das mache sie immer unternehmungslustiger, mutiger und damit letzten Endes glücklicher. Doch wir alle wissen aus eigener Erfahrung, daß dem nicht so ist.

In der Hand des wenig Geübten, so möchte ich es einmal allgemein ausdrücken, oder am falsche Ort, zur falschen Zeit, oder auf die falsche Art, kann Narzißmus sich leicht gegen alle Beteiligten kehren. Wird er zur Hauptstrategie der Lebensführung, so führt er in zunehmendem Maße in einen Engpaß: Narzißtische Aktionen und Reaktionen beherrschen die ganze Persönlichkeit, andere Bewährungsstrategien verkümmern. Der angestrebte Erhalt der Selbstachtung und des Selbstvertrauens wird zu einer grotesken Karikatur. Stärke erfährt das Ich immer kurzfristiger durch massiv angeforderte, letztlich erpreßte Bestätigung von außen und verfällt doch dabei zusehends. Die Qualität der zwischenmenschlichen Beziehungen sinkt so stark, daß diese sich davon kaum noch erholen können.

Ich möchte aufzeigen, wie die Charakterstruktur von Menschen aussieht, die Gefahr laufen, von einem solchen schlechterdings destruktiven Narzißmus befallen zu werden, wie er sich in unserem täglichen Leben auswirkt und wie er zu bekämpfen ist. Wenn ich auf den folgenden Seiten vom alltäglichen Narzißmus spreche, so meine ich damit eine übersteigerte Form, die deutlich über das hinausgeht, was wir als normal und gesund ansehen können, einen Narzißmus eben, der unser tägliches Leben in ungebührlicher Weise überwuchert. Doch zunächst treffen wir Jonny.

Kurze Begegnung mit einem jungen Künstler

Ein Dreigroschenstück ist immer besser als eine Träne.
Hans-Georg Lichtenberg

Am Telefon klang alles ganz harmlos. Ich wurde lediglich darauf hingewiesen, er sei kein Patient wie all die anderen, und nachdem ich ihm ausführlich den Weg zu meiner Praxis erklärt hatte, monierte er, meine Beschreibung hätte etwas präziser sein können. Dann fügte er hinzu: Das fängt ja gut an.

Er kam 25 Minuten zu spät und beschwerte sich bitterlich darüber, daß man ihm in seinem Zustand zumute, bis ans andere Ende der Stadt zu fahren. Dann fragte er, ob ich mir bei meinem Einkommen keine bessere Wohngegend leisten könne und ließ sich kurz über das bedauernswerte, aber verdiente Schicksal eines seiner früheren „Seelenklempner" aus, dem er das Handwerk hatte legen müssen aufgrund gravierender fachlicher Fehlverhaltensweisen ihm gegenüber und mancherlei anderer Unbotmäßigkeiten.

Offensichtlich waren wir beide mit der ersten Kontaktaufnahme zufrieden, denn wir beschlossen gemeinsam, wenn auch stillschweigend, zur Sache zu kommen. Er eröffnete mir: Mir fehlt eigentlich gar nichts. Ich sagte bloß: Schön, und muß mit dieser an sich harmlosen Bemerkung in ein Wespennest gestoßen haben. Schön? fragte er ungläubig. Sie meinen, mein Leben sei schön? Mein Leben sei schön? Diesmal mit verächtlichem Unterton. Nun, dann hören Sie sich das an. Einen Moment, bitte. Er sprang auf, verließ den Raum und die Praxis. Ich sah ihn durch das Fenster zu seinem Auto eilen, das er vor der Haustür geparkt hatte. Später sollte ich bemerken, daß seitlich in roten Lettern die treffende Aussage „Simply the best" angebracht war. Wild gestikulierend extrahierte er aus dem Wagen zwei weibliche Wesen, die sich später als ältere Schwester und Ehefrau entpuppten, scheuchte sie in die Praxis, plazierte jede von ihnen eigenhändig auf einen Stuhl, ließ sich frontal vor ihnen nieder und sprach: So.

Ich habe mir angewöhnt, bei Erstgesprächen Patienten erst einmal gewähren zu lassen, weil ich sie später nie mehr so unbeeinflußt und unverfälscht beobachten kann. Ich sagte kein Wort. Jonny beugte sich nach vorne und musterte beide abwechselnd, dann verharrte sein Blick auf der Schwester. Nun fing er an, mit leicht bebendem, aber durchaus energischem Ton, ihr langes Sündenregister herunterzubeten. Unerbittlich wurden all die Jahre durchpflügt, während der sie ihn mißverstanden, im Stich gelassen, herabgewürdigt, verraten, nicht anerkannt, nicht unterstützt, hintergangen, absichtlich in Schwierigkeiten gebracht, ironisch angeschaut, hinter seinem Rücken schlecht geredet, herabwürdigend gelobt hatte, hatte und nochmals hatte.

Kurz nach Beginn der Anklageschrift sah ich mir die Frau näher an, darauf gefaßt, vor einem Ausbund an seelischer Rohheit mit Scherginnenphysiognomie zurückschrecken zu müssen. Ich sah aber nur eine nette etwa 30jährige Frau, die etwas verlegen dreinblickte und nur gelegentlich ein „Aber Jonny" oder ein

„So war das doch nicht" riskierte, worüber sein erschütternder Bericht düster hinwegrollte. Irgendwann hörte Jonny auf, lehnte sich zurück und sagte in meine Richtung, aber mehr zu sich selbst: Das war erst der Anfang. Dann schaute er die Ehefrau an und sprach: Und nun zu dir.

Ich hatte die dunkle Hoffnung, die Abenddämmerung würde bald hereinbrechen und mit ihr die Zeit der Ruhe, der Sammlung, des Vergessens, des Weines, vielleicht ...

Irgendwann hörte Jonny auf. Ich sprach wie im Traum einen neuen Termin mit ihm ab, und mit einem knappen Kommentar über die Bilder an der Wand verließ er mich, von zwei Frauen gefolgt, sorgende Schulter an sorgender Schulter.

Ich verbrachte später viele Stunden mit Jonny und lernte ihn von mancher Seite kennen. Er lebte mit seiner Frau und seiner vierjährigen Tochter in sehr beengten Wohnverhältnissen. Die Wohnung war einer der Hauptgründe, die ihn daran hinderten, schnell seinen Lebenstraum zu verwirklichen, nämlich ein berühmter Schriftsteller zu werden. Meist war er felsenfest davon überzeugt, mehr als ausreichendes Talent dafür zu haben. Einmal legte er mir die Belege dafür vor: Einen Schüleraufsatz, der sehr gelobt worden war, und die Leserbriefseite einer Tageszeitung mit einem Beitrag von ihm. Beide sollte ich bis zur nächsten Woche behalten, um sie in Ruhe studieren zu können.

Einen Kollegblock, liniiert, DIN A 4, 80 Blatt, Recyclingpapier, mit Mikroperforationen durfte ich nur kurz ansehen. Er war überschrieben mit: Gesammelte Werke I und enthielt Formulierungen, kurze Skizzen, aber meist Variationen der ersten Sätze seines Romans

„Über die Einsamkeit im Dickicht der Menschen".
Über diese Variationen war er nie hinausgekommen.

Er hatte versucht, mehrere Verlage für das Werk zu
interessieren. Ich sollte ihm weitere nennen, denn
meist hatte er keine Antwort erhalten, gelegentlich einen vorgedruckten, ablehnenden Bescheid. Ein Verlag
hatte sogar geschrieben, aber da hieß es, wir prüfen
keine Absichten, sondern fertige Manuskripte. Das
hatte ihn so sehr geärgert, daß er wütend anrief, um
dem unterschreibenden Stümper seine Meinung zu sagen. Er wurde zweimal weiterverbunden, schmiß aber
dann wütend den Hörer auf, weil er sich zuletzt eine
Minute lang ein Tonband mit der Kleinen Nachtmusik
hatte anhören müssen.

Jonny konnte am besten frühmorgens gegen fünf Uhr
schreiben, wenn die sonst lärmende Straße, in der er
wohnt, noch relativ ruhig war. Dann kamen ihm die
besten Ideen und die glänzendsten Formulierungen. Er
wünschte sich sehr, bald gut genug in Form zu sein, um
sich frühzeitig ans Werk machen zu können. Unter anderem dafür hätte ich zu sorgen. Parallel zu meinen
Bemühungen hätte das Sozialamt dafür zu sorgen, ihm
geräumigere und besser abgeschirmte Räumlichkeiten
zu beschaffen. Aber bei seinem ersten Besuch fühlte er
sich so abweisend, ja fast feindselig behandelt, daß er
wütend Aufsatz, Leserbrief und Kollegblock an sich ge-
rissen und schimpfend das graue Gebäude verlassen
hatte.

Seit anderthalb Jahren war verständlicherweise eine
Art Stagnation eingetreten. Niemand konnte unter
diesen Umständen von ihm verlangen, sein Talent zu
verheizen. So blieb es bei kleinen Skizzen, mehreren
Bemerkungen eher aphoristischer Art und bei Umfor-

mulierungen der ersten Sätze des Romans. Unter günstigeren Bedingungen würde er erst einmal einen groben Plan für den Roman entwerfen. Davor war er immer zurückgeschreckt, weil er diese Art des sich Festlegenmüssens als unerträglich und inspirationsabwürgend empfand. Meine Anregung, ein wenig zu lesen, hatte er selbstverständlich verworfen.

An dieser Stelle muß ich sagen, daß ich mich weder jetzt noch damals über ihn lustig mache noch gemacht habe. Es war so, wie ich es beschreibe. Jonny ist auch intelligent, feinfühlig, engagiert und manchmal sogar liebevoll, aber eben nur manchmal. Er litt an diversen Störungen, die seine Persönlichkeit und seine Art zu leben schwer beeinträchtigten.

Jonny hat einmal quasi im Alleingang ein Feuchtbiotop gerettet. In der Nähe seiner Wohnung auf einem unbebauten Areal sollte eine Lagerhalle errichtet werden. Jonny, der öfters mit seiner Familie dort spazierenging, hatte einen schönen kleinen Tümpel ausfindig gemacht, in dem und um den herum sich Insekten und seltene Pflanzen angesiedelt hatten. Er blockierte zuerst allein, dann mit Freunden den Beginn der Bauarbeiten, kam mit der Polizei in Konflikt, rannte dem Bezirksamt die Bude ein und erreichte schließlich, daß eine Zeitung sich für die Angelegenheit interessierte. Die Halle wurde ausreichend weit weg vom Tümpel gebaut, und alle waren ganz stolz auf Jonny. Der Jonny stand und lehnte und sah den Mücken zu.

Manchmal ist niemand stolz auf ihn. Wenn er bei jeder passenden oder unpassenden Gelegenheit die „Vertrauensfrage" stellt: Stehst du wirklich zu mir? Glaubst du wirklich an mich? Siehst du auch, wie toll ich bin? Paßt ihm das Geringste nicht, dann ist er enttäuscht, gekränkt und zieht sich zurück. Er kann auch sehr wütend, ungerecht, ja richtig gemein werden. Dann läßt er Schimpftiraden gegen die ganze Welt los, die er oberflächlich, herzlos und verrottet findet. Kurz danach wird er meist hilflos, verzagt und sucht Schutz bei den Menschen, die er kurz zuvor scheinbar noch verachtet hat.

Jonny hatte panische Angst vor Aids. Mehrmals am Tag mußte die Frau seine Lymphknoten abtasten, wenn er glaubte, eine Schwellung daran festgestellt zu haben. Jonny verließ sehr ungern allein die Wohnung. Schwester oder Ehefrau, am besten beide gemeinsam, mußten ihn bei wichtigen Unternehmungen begleiten. Strapazen im Alleingang, vor allem in seiner damaligen schwierigen, aber entscheidenden Lebensphase, waren ihm nicht zuzumuten.

Vieles ist Jonny nicht zuzumuten, und man muß sich für ihn bereithalten.

Bald wird er alle fürstlich dafür entlohnen, mit Champagner bei der Pressepräsentation von „Die Einsamkeit im Dickicht der Menschen" und mit einer lobenden Erwähnung in seinem zweiten Buch, über dessen Titel er oft nachdenkt, gebeugt über seinen Kollegblock, liniiert, DIN A 4, 80 Blatt, Recyclingpapier, mit Microperforationen, dann, wenn es stiller ist in der lärmenden Straße, in der er wohnt.

Der Auftritt: Zur narzißtischen Selbstdarstellung

*Als er sich auf der Balustrade verneigt und in
Gedanken das zerrissene Korbballnetz flickt, braust
ihm ein donnernder, nicht enden wollender Beifall
entgegen.*
Hermann Burger

Wer sich in die Gegenwart anderer begibt, stellt sich. Bisher konnte ihn niemand daran hindern, sich Begegnungen in den schillerndsten Farben auszumalen und eine imaginäre Welt so zu beeindrucken, daß das Ich-Gefühl von Triumph zu Triumph eilte. Das ist, wir haben es gesehen, ein Stück narzißtischer Identitätsarbeit, deren Wert, wenn sie mit einiger Dezenz vor sich geht, nicht in Abrede gestellt werden kann.

Dieses Spiel ließe sich im Prinzip ewig so weiterführen – und das geschieht gelegentlich – doch man muß zugeben, der Beifall wird von Jahr zu Jahr dünner, es sei denn, die Seele verfällt endgültig der Psychose, dem Größenwahn. Dann allerdings ist sie autark, ein Leben lang, und kann sich für alle Zeiten im eigenen Glanze sonnen.

So läuft es meistens nicht, Anstand und Menschenfreundlichkeit gebieten uns, das zu begrüßen.

Also man stellt sich, denn Wichtiges ist zu tun, und dazu braucht man manchmal andere. Wem, wo und vor allem wie man sich stellt, das will überlegt sein, bewußt teilweise, aber auch mehr unbewußt, aus dem inneren Selbstverständnis heraus, meist in einer Mischung aus beidem.

Man kommt dann als Ministerialdirigent in spe, im Kultusministerium, bitteschön: Der Minister kann sich noch immer nicht zu meiner Ernennung entscheiden, kein Wunder, zweiter Bildungsweg. Noch vorgestern sagte mir Elie Wiesel ... (er sprach nicht zu ihm, sondern zum Minister, und es war nicht Wiesel, sondern wieder mal bloß der Kishon).

Man kommt dann als Proletarier aus Überzeugung: Man hat mich in den höheren Gewerkschaftsposten geprügelt. Einer muß es ja machen, aber man bemerke

den steifen Ringfinger an meiner linken Hand, der Vor-
schlaghammer war's.

Man kommt dann als gelangweilter CD-Käufer:
Ach, wissen Sie, ich wache jeden Morgen mit dem
Modern-Jazz-Quartett auf, aber zeigen Sie mir mal
Zarah Leander („Ich steh' im Regen und warte auf
mich"), es ist für meine Tante, Herr Verkäufer. Es ist
für deine Tunte, Herr Käufer, und ich wache jeden
Morgen mit Haydn auf.

Oder man kommt als Jonny, einsam, aber im
Dickicht, als Jonny, wenns recht ist, Herr Therapeut,
auf Bewährung.

Bleiben wir bei Jonny.

Er ist hager, hat stechende Augen und ist schwarz gekleidet. Fast sähe er aus wie der berühmte hungrige
Wolf, aber als er einmal seiner Herrenhandtasche ein
wichtiges Dokument entnahm, purzelten ihm mehrere
Snickers heraus. Jonny braucht viel Energie, denn die
Zahl seiner Auftritte ist groß, wie bei uns allen übrigens.

Wenn jemand in den Aufmerksamkeitsbereich anderer Personen tritt, dann wird er sich selber zwangsläufig absichtlich oder unabsichtlich ausdrücken, und die
anderen werden von ihm in einer bestimmten Weise
beeindruckt. Der amerikanische Soziologe Goffman
hat die Darstellung, die jeder unausweichlich in zwischenmenschlichen Situationen abgibt, geradezu mit
einem Theaterauftritt verglichen, bei dem der einzelne
eine Rolle spielt, an die er mehr oder weniger glaubt. Er
kann völlig von dem eigenen Spiel gefangen sein, er ist
dann felsenfest davon überzeugt, daß der Eindruck von
Realität, den er inszeniert, „wirkliche" Realität ist. In

anderen Fällen mag er von der Rolle, die er spielt, nicht so ganz überzeugt sein.

In jedem Falle fordert er seine „Zuschauer" auf, den Eindruck, den er bei ihnen hervorruft, ernstzunehmen:

Sie sollen glauben, daß alles sich so verhält, wie es gespielt wird.

Die Art der Selbstdarstellung wird, teils bewußt, teils unbewußt, so gewählt sein, daß die Realisierung der eigenen Pläne für die jeweilige Situation möglichst gewährleistet ist. Dazu ist es erforderlich, ein gewisses Maß an Kontrolle über das Verhalten und die Reaktionen der Beteiligten zu gewinnen. Das ist am besten dadurch zu erreichen, daß ich die Definition der Situation, in der wir uns gemeinsam befinden, möglichst stark bestimme.

Wenn ich das Bedürfnis habe, einen neuen Arzt aufzusuchen, weil ich Schmerzen habe oder mir irgendwelche Symptome Angst machen, so habe ich im wesentlichen den Plan, Kontakt zu einem Menschen herzustellen, der meine Beschwerden ernst nimmt, mich gründlich untersucht, um dann verantwortungsvolle Entscheidungen bezüglich einer eventuellen Behandlung zu treffen.

Dazu muß ich ihn durch meinen Auftritt dazu bringen, mich als hilfsbedürftigen Menschen anzusehen, der seine ganze Sorgfalt und sein fachliches Können verdient. Ich habe dann ein ausreichendes Maß an Kontrolle über meine Lebenssituationen „Arztbesuch", wenn es mir gelingt, ihn die Situation so erleben zu lassen, daß sich das entsprechende von mir gewünschte ärztliche Verhalten wie selbstverständlich daraus ergibt. Begreift der Arzt die Situation auf diese Art, so wird er seinerseits bestrebt sein, vor allem den Eindruck eines kompetenten und bemühten professionellen Helfers abzugeben, dem man vertrauen kann und bei dem man sich gut aufgehoben fühlt.

Würde ich, bevor ich über meine Rückenschmerzen klage, erst einmal versuchen, dem Arzt eine Versicherungspolice zu verkaufen, so bräuchte ich mich nicht zu wundern, wenn er in allererster Linie in mir einen unverschämten Menschen sähe, der versucht, unter einem Vorwand bei ihm einzudringen, um ihn zu übervorteilen. Aber auch dann, wenn ich ihm schließlich meine Beschwerden glaubhaft machen könnte, würde ich wohl kaum den Ruf eines ziemlich dubiosen Patienten los, der die Patientenrolle grob verletzt hat und vor dem man sich in acht nehmen muß.

Bei neuen Kontakten, also sozusagen bei Erstauftritten, sind die allerersten Informationen, die man anderen anbietet, von größter Bedeutung. Sie legen zum einen die weiteren Schritte, die zukünftig im Umgang mit anderen unternommen werden, bis zu einem gewissen Grad fest. Zum anderen bestimmen sie die ersten Reaktionen des Partners, von denen er sich später nur schwer wird lösen können. Alle nachfolgenden Interaktionen werden sich zumindest am ersten Eindruck orientieren.

Goffman meint, bei solchen Begegnungen werde eine Art gegenseitiger moralischer Verpflichtung deutlich:

Wenn ich mich in einer bestimmten Art darstelle, so leite ich stillschweigend einen Anspruch daraus ab, als Person dieser Art behandelt zu werden. Dadurch, daß ich mich so und nicht anders verhalte, setze ich die anderen sozusagen moralisch unter Druck, mich als den zu behandeln, den ich dargestellt habe.

Eine Forschergruppe um den amerikanischen Sozial-psychologen Tedeschi beschäftigt sich seit vielen Jahren mit den Strategien und Taktiken, die Menschen benutzen, um sich in einer bestimmten Art und Weise darzustellen. Sie sprechen dabei von Impression-Management, das heißt von dem Versuch, einen bestimmten Eindruck bei anderen zu hinterlassen, der die eigenen Interessen optimal ins Spiel bringt. Letzten Endes geht es dabei um die Kontrolle der jeweiligen Situation. Die Forschergruppe unterscheidet zwischen assertiven und defensiven Selbstdarstellungsstrategien. Assertiv heißt soviel wie selbstbewußt und offensiv. Damit sind eine Reihe von Verhaltensweisen gemeint, die zum Ziel haben, von anderen Personen Vorteile zu erlangen wie Bewunderung, positive Beurteilung, Zuspruch und so weiter. Dadurch daß ich in meinem Auftritt meine Kompetenz, Attrakivität, Liebenswürdigkeit, meinen Status oder andere positive Eigenschaften und Leistungen in den Vordergrund stelle, will ich eine unmittelbare positive Reaktion seitens anderer hervorrufen. Defensive Strategien hingegen sind mehr auf Verteidigung angelegt. Dabei geht es in erster Linie darum, die eigene Identität zu schützen, sollte sie von anderen bedroht oder in Frage gestellt werden. Sie umfassen Vorgehensweisen, bei denen die Selbstdarstellung mein berechtigtes Bedürfnis nach Schutz oder Hilfe betont. Letzten Endes gibt man sich als Opfer von Umständen oder anderen Personen aus und spricht sich sozusagen frei von Verantwortung für die eigenen Schwächen oder für menschliche Übergriffe.

Betrachten wir den Auftritt Jonnys etwas näher.

Auf dem Hintergrund seiner festen Überzeugung, daß seine Probleme einzigartig sind, muß ich mich eigentlich geehrt fühlen, daß er mich aufsucht: Nur besondere Menschen vermögen ihn zu verstehen. Man bedenke seine Situation: Der junge Künstler an der Schwelle der Meisterschaft, der wegen widrigster Umstände und völlig verständnisloser Mitmenschen ständig am schöpferischen Durchbruch gehindert wird und dadurch so in seinen seelischen Grundfesten erschüttert ist, daß er nicht einmal mehr allein die Wohnung verlassen kann. Aber kaum beginne ich, mir der erfahrenen Auszeichnung bewußt zu werden, so werde ich auch schon verwarnt und in die Schranken verwiesen. Andere vor mir glaubten auch schon, den therapeutischen Olymp erklimmen zu dürfen, sind aber dann kläglich gescheitert, aus eigenem Unvermögen sicher, aber auch an der Größe der Aufgabe. Meine Phantasie reicht dazu aus, mir das trostlose Dasein auszumalen, das sie fristen, nachdem sie die gerechte Strafe für ihr Versagen ereilt hat: Menschlich und fachlich gebrochene Verwalter vergammelter geschlossener Stationen in Provinzpsychiatrieanstalten oder gar allseits geächtete, vereinsamte Verfasser von psychologischer Lebenshilfeliteratur.

Dermaßen im Dickicht der Verantwortung für Jonny und für sein weiteres Schicksal ist höchste Konzentration und Vorsicht angebracht. Er würde streng, aber gerecht sein. Das ist er auch im Umgang mit seinen Lieben, wie Schwester und Ehefrau, obwohl zumindest bei der ersten Darstellung ihrer Versäumnisse die Strenge zu überwiegen scheint. Wie überhaupt auffällt, daß Jonny einen großen Teil seiner Selbstdarstellung über die Darstellung anderer bestreitet. Angehörige, Ärzte, Wohnungsvermieter, Sozialarbeiter, Telefonistinnen, Lektoren und viele andere mehr werden der Teilnahme an einer endlosen Verschwörung überführt. Teils aus Gleichgültigkeit und Unfähigkeit, aber sicherlich auch aus reiner Bosheit, Infamie und nagendem Neid wollen sie ihm seinen Platz an der Sonne streitig machen.

Ein wichtiger Teil der Strategie, derer er sich bei mir, und nicht nur bei mir bedient, um seine Ziele zu verfolgen, ist die Selbstdarstellung als permanentes Opfer. Menschen, deren Lebenssituation zu einem bestimmten Zeitpunkt nicht so glänzend ist, neigen verständlicherweise dazu, schwer zu beeinflussende Umstände und andere Personen dafür verantwortlich zu machen, vor allem auch, weil dies ja nicht immer gänzlich falsch sein muß. Diese rein defensive Selbstdarstellungsstrategie artet aber bei Jonny – und wir haben gleich bei seinem ersten Auftritt einen Vorgeschmack davon bekommen – zu einer wehleidig-wütenden Grundhaltung dem Leben gegenüber aus. Von der Wiege bis zur Bahre wurde er vernachlässigt, betrogen, ungerecht behandelt und dergleichen mehr. Dabei ist seine Interpretation des Verhaltens anderer ihm gegenüber so verzerrt, daß diese dadurch permanent ins Unrecht gesetzt werden. Nicht ständig um ihn herum scharwenzeln heißt, ihn fallenlassen, ihn nicht permanent loben heißt, ihn massiv kritisieren, und gar etwas anzweifeln, das ihn betrifft, heißt, ihn vernichten. Enttäuschung, Wut, Empörung und sogar gelegentlich echte Tränen sind dann seine Reaktion auf so viel Unrecht. Dadurch bekommt der Umgang mit Menschen wie Jonny eine ständig dramatische Note, die oft in einem krassen Mißverhältnis zur wirklichen Situation steht.

Eines Tages hatte er vor meinem Haus sein Auto so hingestellt, daß er gleich drei Fahrzeuge einkeilte. Er hatte es damals so eilig, weil er nicht erwarten konnte mir mitzuteilen, daß er beabsichtige, den Senat mit einer Reihe von Prozessen wegen Korruption, Nötigung und Existenzvernichtung zu überziehen. In der Tat war ihm die Finanzierung eines neuen Schreibtisches samt inspirationsförderndem Entspannungssessel verweigert worden, und das in derselben Woche, in der eine Berliner Abgeordnetendelegation nach Paris aufgebrochen war, um das Restaurant der französischen Nationalversammlung einer kritischen Überprüfung zu unterziehen. Als Jonny sich nach unserer Sitzung zu seinem Fahrzeug begab, empfingen ihn nicht nur die stützenden Blicke der Ehefrau (die Schwester hatte frei), sondern auch meine Hausmeisterin, die ihn bat, zukünftig sachgerechter zu parken, weil gleich zwei Nachbarn sich beschwert hätten. Diese zusätzliche Kränkung brachte Jonny völlig aus der Fassung. Nach der Schilderung der desolaten Lebensverhältnisse seiner Herkunftsfamilie vor und nach seiner Geburt weihte er sie in den Grundriß der eigenen rattenlochähnlichen Wohnung ein, beschrieb eindringlich den Warenkorb, der im Spätkapitalismus einem Sozialhilfeempfänger samt Familie zusteht, ließ sich dann über die Schlemmergewohnheiten sogenannter Volksvertreter aus, kündigte diverse vernichtende sozialkritische Traktate an, alle auf einem rückentötenden Holzschemel verfaßt, ging kurz in einem anthropologischen Exkurs auf die angeborene Ungerechtigkeit der Menschen ein, die unter anderem dazu geführt hatte, daß sein Großvater in Thüringen bei der Beförderung zum Bahnhofsvorsteher zweimal übergangen worden war, schwenkte kurz auf sein Auto und seine Parksitten ein, die tadellos seien unter normalen Umständen und endete, nicht ohne sich mehrmals an die Herzgegend gefaßt zu haben (Warum eigentlich, bei Aids? fällt mir eben ein) mit dem Schlachtruf: Künstler an die Macht.

Komm jetzt, Jonny, sagte die Ehefrau.

Habn'se viele, so'ne? fragte mich die Hausmeisterin am Abend. Ich sagte mit etwas gequältem Lächeln: Nicht zu viele. Und machte mich auf den Weg zur Weinstube, da ich doch einige hatte.

Als ein Element einer narzißtisch überzogenen Selbstdarstellung haben wir die Verteidigungshaltung kennengelernt, mit der solche Menschen sich häufig umgeben. Sie verschanzen sich hinter einer Opferrolle, die immer wieder mit überzogenem Gefühlsaufwand vorgeführt wird.

Nur auf dem Hintergrund der narzißtischen These des Permanent-Sabotiert-Werdens läßt sich der andere zentrale Teil der Selbstdarstellung aufrecht erhalten: der grandios-phantastische Selbstentwurf. Die hochassertive Überbewertung der Bedeutsamkeit der eigenen Person, ihrer Talente, ihrer gegenwärtigen, vor allem aber zukünftigen Leistungen, wird dermaßen penetrant nach außen gekehrt, daß sie ohne die gleichzeitige Verkündung der „Weltverschwörung" augenblicklich in sich zusammenbrechen würde.

Wenn Jonny unter Menschen geht, führt er gleichsam ständig zwei riesige Plakate mit sich. Das eine ist überschrieben „Jonny der Größte", das andere „Jonny das Opfer". Mal hält er ihnen das eine vor die Nase, mal das andere. Mal erläutert er ihnen akribisch den möglichen Werdegang eines Unvergleichlichen, mal die Bösartigkeit, das Unverständis und die Dummheit einer Welt, die ihn scheitern zu lassen droht. Er erklärt es immer wieder, weil er die Oberflächlichkeit und die

Schwerfälligkeit der Menschen kennt. Wenn sie nicht unentwegt nicken und an der richtigen Stelle „Ah", „Oh" oder „Ih" rufen (nicht mehr, bitte), wird er wütend, beschimpft sie, rauscht schließlich ab und überläßt sie ihrem Elend.

Jonny drückt sich ihnen auf. Das alles erfolgt zu schnell, zu dicht. Der Eindruck, den er hinterlassen will, ist zu groß angelegt. Er will alles gleich erklären und die anderen festlegen. Letzten Endes will er immer die totale Kontrolle. Kein organischer Prozeß des Sich-Annäherns wird zugelassen, alles ist auf kurzfristige Effekte angelegt. Der Augenblick ist allentscheidend, alle Karten werden gleich auf den Tisch gedonnert.

Warum macht Jonny so viel? Kann er nicht, wie andere auch, erst einmal „Guten Tag" sagen und dann abwarten. Er kann es schon, aber versetzen wir uns noch einmal in seine Lage. Wir haben ihn schon als einen der Menschen identifiziert, die aufgrund ihres besonderen Charakters (über den noch zu berichten sein wird) ein hohes Maß an narzißtischer Identitätsarbeit leisten müssen, um einigermaßen vor sich selbst bestehen zu können. Wir haben dieses Phänomen den alltäglichen Narzißmus genannt.

Die Sichtweise seiner selbst, die er vor sich selbst aufrecht erhalten will und anderen mitteilen muß, weil er ihre Bestätigung benötigt, soll einen unmittelbaren Ausdruck finden und hat unmißverständlich zu sein. Vor seiner kurzen Begegnung mit der Hausmeisterin hat er wieder einmal die ganze Ungerechtigkeit der Welt erfahren müssen, und nun kommt sie und drischt auch noch auf ihn ein. Soll er nun sagen: „Na, gut. Aber so schlimm war es auch wieder nicht", oder etwas Ähnliches und sang- und klanglos abziehen? Das kann er nicht. Dermaßen vor Gericht gestellt, benimmt er sich wie ein Angeklagter bei seinem Schlußwort vor den Geschworenen. Er rollt seine ganze tragische Geschichte auf und verkündet sie einer erschütterten Zuhörerschaft, die nun endlich verstehen soll, wie er sich fühlt und wie bedroht er im Kern seiner Existenz ist. So ist das bei Jonny. Wenn er sich verteidigt, dann wie ein in die Enge getriebenes Tier, das ums Überleben kämpft, anders kann er es nicht. Wenn er seine Vorzüge sichtbar machen will, dann steigt er gleich auf eine Balustrade und stellt alles bisher Dagewesene in den Schatten. Oft macht er beides gleichzeitig oder in rascher Folge. Das läßt für andere den ganzen Apparat seiner Selbstinszenierung so aufgeblasen erscheinen, den Eindruck, den er hinterläßt, so unecht und so zwiespältig.

Neulich, in Moffs Aprikosenholzstube. Ein Herr stellt sich an den Tresen.

Hier bin ich. Also Moff hat gesagt, wir können den runden Tisch sechs haben. Ja? Mein Gott ist das schön. Nein? Der ist schon vergeben? Also, wir haben die Wesselys eingeladen, Moff hat mir den runden Sechser fest zugesagt. Wie ärgerlich! Ärgerlich ist ja gar kein Wort. Also, Sie wissen, ich sitze am liebsten an dem runden Tisch, Wesselys auch. Das ist nicht in Ordnung. (Der Geschäftsführer blättert in seinem Bestellbuch.) Ich muß unbedingt ein ganz wichtiges Geschäft mit Wessely besprechen. Ganz großes Kaliber. Wie ärgerlich. Also, wir sind gestern aus Mallorca zurück, ich muß ihn unbedingt heute treffen. Ja, Mallorca im Sommer, im Sommer. Dieses Florida-Proletariat. Wie peinlich. Wir haben wieder wie jedes Jahr Christine Kaufmann besucht, reizend wie immer. Auch sie sagt, im Sommer ist es hier am schönsten. Für wahre Kenner. Natürlich im Innern. Wir haben in einer dieser reizenden Bodegas gegessen. Sie wissen, in einer dieser Fünf-Sterne-Bodegas. Fast nur Spanier. Mein Gott, war das schön. (Der Geschäftsführer blättert.) Ein wunderbarer Wein, sündhaft teuer, wie hieß er schon? (Er blättert verächtlich.) Ich lasse mein Dach neu decken, Luxemburger Schiefer aus Martelingen oder so, hat mir immer wieder dort hervorragend gefallen, nicht geschenkt, sag ich Ihnen, bin ganz oben gewesen auf der Leiter, man muß die Burschen ja im Auge behalten, paß auf, hat mir Luise zugerufen, sie hatte richtig Angst um mich, so hoch war ich, mein Gott, war das aufregend. Wie ist es denn mit dem Tisch? Also, nun strengen Sie sich mal an. Wessely hat ein Riesengrundstück in Stahnsdorf gekauft, natürlich habe ich ihn dabei beraten. Also, ich bin enttäuscht, sehr enttäuscht, auch von Ihnen, wie lange sind Sie jetzt hier? Vier Jahre? Waren Sie nicht früher bei Mott? (Moff hatte Mott in den Ruin getrieben hauptsächlich dadurch, daß er hartnäckig das Gerücht verbreiten ließ, dessen Edelholzkaschemme sei lediglich eine Geldwaschanlage für steuerflüchtige Straßenmusikanten.) Das ist ja ein richtiger Aufstieg. Sehr anspruchsvoller Posten hier. Bloß nichts falsch machen! Ich kenne Moff seit zwanzig Jahren (Der Geschäftsführer blättert.) Luise, da bist du ja. Ach, das Kleidchen, das Christine mit dir gekauft hat. Sie: Mein Gott, war das schön.

Stell dir vor, wir sollen den runden Sechser nicht bekommen. Mein Gott, ist das unangenehm. Luise, Wessely hat mir ausrichten lassen, daß Frank nach mir gefragt hat. Ja, *der* Frank. Stell dir mal vor, Frank wollte ich auch mal hierher einladen, aber jetzt weiß ich nicht so recht. Mit ihm dürfte uns so etwas nicht passieren.

Der Geschäftsführer blättert nicht mehr: „Sehen Sie, ein paar Sekunden und die Angelegenheit ist erledigt. Sie bekommen den Tisch."

Mein Gott ist das schön. Also, welchen Wein empfehlen Sie mir? Sie wissen, ich bin ein Kenner, gnadenlos in der Beziehung, ach, Luise, lassen wir das. Setz dich doch endlich hin. Doch nicht auf meinen Platz!

Jonny, laß das Träumen. Das ist nicht dein Tisch. Du sitzt nicht, prominente Schulter an prominenter Schulter, mit Wessely oder gar mit Frank. Noch nicht, sagst du?

Mein Gott, wird das schön.

Der Charakter: Die vier Grundpfeiler der narzißtischen Pseudokompetenz

Ich habe, wenn Sie so wollen, den ganzen Einsatz in der Vertikalen gewagt und die horizontale Dimension vernachlässigt.
Hermann Burger

Was ist das für Volk, Leute wie Jonny? Warum sollten wir uns überhaupt mit ihnen beschäftigen? Einmal wollen wir uns, im Schwarzschen Sinne, einer einmal übernommenen Aufgabe weiter verpflichtet fühlen, zum anderen habe ich den Eindruck, daß Jonny und seine Spießgesellen einem immer häufiger über den Weg laufen. Also sehen wir weiter.

Wie ist der Charakter der Menschen aufgebaut, die zu einer übermäßigen narzißtischen Lebensführung

neigen? Was macht sie anfällig für das, was wir den alltäglichen Narzißmus genannt haben? Es ist das Zusam-
menspiel mehrerer dynamischer Momente, die ich
jetzt näher beschreiben werde. Als Ausgangspunkt nehmen wir das, was ein Mensch vom Leben erwartet.

Anspruch

Versucht man die vielfältigen Bedürfnisse, die Menschen haben, zu ordnen, so kann man mit dem amerikanischen Psychotherapeuten Abraham Maslow von
den grundlegenden zu immer komplexeren gelangen.

Die elementaren Bedürfnisse, die den unmittelbaren
Erhalt des Menschen als Lebewesen zum Ziel haben,
sind physiologische Triebe wie Hunger, Durst, das Bedürfnis nach Sauerstoff und so weiter. Sie sind an der
Basis unseres gesamten Motivationssystems. Herr-
schen Unsicherheit oder gar Entbehrungen auf dieser
Ebene, so strebt der Mensch nach nichts anderem, als
hier Abhilfe zu schaffen.

Gibt es keine Probleme in diesem Bereich, so fangen
die nächsthöheren Bedürfnisse an, eine bedeutsame
Rolle zu spielen. Eine der wichtigsten Bestrebungen,
die über den unmittelbaren Lebenserhalt hinausgeht,
ist ein allgemeines Bedürfnis nach Sicherheit. Menschen fühlen sich am wohlsten in einer Umgebung, die
einen gewissen Grad an Stabilität und Ordnung auf-
weist. Nur dann, wenn die Verhältnisse Sicherheit
bieten und ihre weitere Entwicklung einigermaßen
vorhersehbar ist, empfinden sie das Mindestmaß an
Schutz und Geborgenheit, das ihnen erlaubt, relativ
angstfrei zu leben. Die Struktur der Umgebung, die ih-

nen dieses positive Gefühl geben kann, betrifft sowohl das nähere soziale Gefüge, in dem sie leben, wie Familie, berufliches Milieu und so weiter, aber auch ihren erweiterten Lebensumkreis wie die gesellschaftlichen Verhältnisse und die politische Lage. Am dramatischsten lassen sich die Auswirkungen des Sicherheitsbedürfnisses bei Kindern beobachten, wenn ihre Welt durch Trennung, Krankheit oder Veränderungen der Umgebung aus den Fugen gerät. Aber auch bei Erwachsenen kann anläßlich von persönlichen Krisen wie Partnerverlust, Arbeitslosigkeit oder gesundheitliche Schädigung, das Streben nach Ordnung und Sicherheit dermaßen in den Vordergrund treten, daß es das gesamte Motivationssystem beherrscht.

Wenn sowohl die physiologischen wie die Sicherheitsbestrebungen zufriedenstellend erfüllt sind, fängt das Bedürfnis nach Liebe, Zuneigung und Zuwendung an, eine zentrale Rolle zu spielen. Nun wünschen Menschen sich einen festen Platz in einer Partnerschaft oder in einer Gruppe, die andere wichtige Personen enthält. Ein zentrales Motiv für viele Handlungen wird es sein, mit allen Mitteln Kritik, Ablehnung oder Einsamkeit zu vermeiden. Die Frustrierung dieses Bedürfnisses nach Liebe oder Zugehörigkeit ist eine der wichtigsten Ursachen von schmerzhaften Zuständen, vom Unglücksgefühl bis hin zu schweren psychischen Erkrankungen wie Angstzuständen oder Depressionen.

Das nächsthöhere in der Bedürfnishierarchie ist der Wunsch nach Achtung. Einmal will man für die eigenen Qualitäten und Leistungen anerkannt werden. Daraus kann ein Gefühl der Selbstzufriedenheit und der Stärke abgeleitet werden, das eine eminente Rolle im seelischen Haushalt spielt. Aber auch Bedürfnisse nach Aufmerksamkeit, Bedeutung und Wertschätzung bis hin zu Gelüsten nach Ruhm und nach Macht können im Vordergrund stehen. Die gesündeste Form der Selbstachtung ist allerdings die, bei der der verdiente Respekt seitens anderer im Vordergrund steht, das heißt eine Achtung, die der effektiven Leistung gilt. Anders verhält es sich, wenn man Bewunderung und Dominanz um jeden Preis anstrebt, auch völlig unabhängig von jedem wirklichen persönlichen Verdienst.

Das höchste Motiv in der Bedürfnispyramide ist das Streben nach Selbstverwirklichung. Dabei will das Individuum seine ureigensten Fähigkeiten, Talente und Vorlieben aktivieren und realisieren. Wenn allen anderen Bedürfnissen einigermaßen Genüge getan ist, wird der Wunsch wach, in einer Welt zu leben, die diese höchste Form der Selbsterfüllung erlaubt und sogar fördert. Immer mehr zu dem werden, der man wirklich ist, ist vielleicht das höchste menschliche Bestreben und damit der beste Garant für psychische Gesundheit und persönliches Glück.

Diese Hierarchie der Grundbedürfnisse stellt ein gutes Modell dar, um die menschliche Motivationsstruktur deutlich zu machen, gleichwohl sie nicht als starr und unverrückbar angesehen werden darf. Wenn die Befriedigung der elementaren Bedürfnisse nach dem unmittelbaren Lebenserhalt gewährleistet ist, so bildet das Sicherheitsbedürfnis eine kritische Größe für alle anderen. Je nachdem, wie ausgeprägt es ist, wird der Anspruch in den anderen Motiven dem Leben gegenüber mehr oder weniger groß sein. Jemand mit einer sehr starken Tendenz zur Absicherung wird sich zum Beispiel in einer Beziehung zu anderen schon dann bedroht fühlen, wenn er glaubt, auch nur das geringste

Zeichen an Desinteresse ihrerseits wahrgenommen zu haben. Jemand, der nur dann einigermaßen ausgeglichen ist, wenn er sich der Achtung aller für ihn wichtigeren Menschen gewiß ist, wird sie richtiggehend mit Argusaugen überwachen und ständig nach Zeichen ihrer Wertschätzung Ausschau halten. Schließlich wird jemand, der glaubt, zu etwas Höherem bestimmt zu sein, ständig Lebensbedingungen einfordern, in denen er im Zentrum steht, und die ganz um die Einzigartigkeit der eigenen Personen herum organisiert sind.

Alle Autoren, die sich mit narzißtischen Phänomenen beschäftigt haben, sind sich darüber einig, daß der Anspruch dem Leben gegenüber bei den davon betroffenen Personen extrem hoch angesiedelt ist.

Sehen wir uns doch ein Beispiel an.

Direktor Leu, der sich mir einmal in einer recht dramatischen Situation vorstellte (seine Frau hatte versucht, Suizid zu begehen), sagte, nachdem er mir den Anlaß seines Kommens, kurz, aber sehr kurz, erläutert hatte: Und nun wollen Sie sicher mehr über mich wissen. Dann öffnete er einen schlangenledernen Diplomatenkoffer, entnahm ihm eine Goldplakette, die den Schriftzug „Brains – Gehirn" trug, und legte sie vor sich auf den Tisch. Nun erläuterte er mir seine Lebensphilosophie. Die gesamte Entwicklung auf Erden laufe auf diesen Höhepunkt zu: das menschliche Gehirn. Unerreicht, unnachahmlich, einfach grandios. Es habe die Naturgesetze erforscht, die Kunst in die Welt gesetzt und alles, was lebenswert ist, erschaffen. Nach dieser etwas allgemein gehaltenen, aber dennoch bestechend stringent vorgetragenen Eröffnung, der nicht beizupflichten mir schwer gefallen wäre, sah er sich bedeutungsvoll um, nahm die Anzeichen meiner

Zustimmung als zufriedenstellend an und wurde deutlicher. Mein Gehirn, sagte er, ist beileibe nicht das schlechteste, nein, wahrlich nicht. (Ich erschrak vehement allein bei dem Gedanken, jemand könne es anzweifeln.) Ich habe eine Spitzenposition in der Wirtschaft erreicht (er ließ Ziegel übereinanderschichten, aber eben sehr viele), spreche fließend Englisch und Französisch, sammle Kunst, vor allem Kubisten. Ich habe zwei Braque, fügte er vertraulich hinzu. (Mich erinnert Braque auch an Ziegel.) Was ich sonst alles noch im Leben vorhabe, soll hier nicht Thema sein. Und nun verlange ich, kam er zur Sache, ich verlange, daß man Rücksicht auf mich nimmt und daß man mich nicht mit allerlei Kram belästigt. Das verlange ich in der Firma, das verlange ich von der Familie, das verlangte ich gestern, verlange es heute und werde es auch morgen verlangen. Die geringste Störung, und ich gerate aus der Fassung, das muß ich bekennen. So wie jetzt: Ich fühle mich zutiefst irritiert. Meine eigene Frau hat mir ein scheußliches Wochenende bereitet, nach einer der härtesten Wochen der letzten Monate. Und zum Schluß, als Krönung, dieser kindliche Versuch, sich interessant zu machen. Ein Selbstmordversuch! Mit Beruhigungsmitteln! Wie eine kleine Tippse!

Er schäumte vor Wut. Ich bekam nun meinen Auftrag: Stellen Sie das ab. Er schaute mich abwägend an, dann sagte er, sozusagen von Mann zu Mann: Sie wissen, die Frauen an unserer Seite haben es nicht leicht. Der Blick wurde fest, dann brach seine ganze Betroffenheit aus ihm heraus: Und wir schon gar nicht mit ihnen. Also, sagte er, stand auf, nahm seine Plakette und ging. Auf der Plakette stand trotzdem: Brains.

Was erlaubt es einem Menschen, einen solchen Anspruch dem Leben gegenüber aufrechtzuerhalten? Lief denn immer alles so, wie er es sich gewünscht hatte? Ist er nie an Grenzen gestoßen, die ihn dazu gebracht hätten, eine differenzierte, realistischere und menschlichere Haltung einzunehmen?

Man wird nicht leugnen können, daß narzißtische Menschen im Laufe ihres Lebens Erfolge gehabt haben, wie Direktor Leu zumindest im beruflichen Bereich. Nun stellt ein Erfolg immer ein komplexes Ereignis dar, an dessen Zustandekommen viele Faktoren beteiligt sein können. Von großer Wichtigkeit für das Selbstverständnis sind die Erklärungsmodelle, die der einzelne für seine Erfolge heranzieht. Betrachtet er die Situation differenziert, so wird er feststellen, daß die eigenen Fähigkeiten und Taten zwar oft eine beträchtliche Rolle beim Gelingen gespielt haben, aber fast immer auch andere Momente, die jenseits des eigenen Verdienstes liegen. Wenn Herr Leu ein großes Bauvorhaben ausgeführt hat, so war er sicherlich nicht unbeteiligt am positiven Ergebnis. Aber er hat auch Helfer gehabt in seiner Firma, die einen beträchtlichen Teil der Arbeit offensichtlich zufriedenstellend erledigt haben. Vielleicht waren auch die Umstände besonders günstig, alle Zulieferungen klappten pünktlich, das Wetter spielte mit und dergleichen mehr. Vielleicht könnte er auch auf den Gedanken kommen, daß Frau und Kinder dadurch, daß sie ihm eine entspannte und angenehme häusliche Atmosphäre boten, ihn immer wieder neue Kraft schöpfen ließen und auch dadurch mitgeholfen haben.

Diese Faktoren werden von einem Menschen wie Leu im Rahmen seiner narzißtischen Selbstbestätigungsarbeit und später im Rahmen einer sich langsam anbahnenden Großmannssucht charakteristischerweise beiseite geschoben, ja oft gar nicht wahrgenommen.

Ich habe alles nur allein mir zu verdanken, niemand hat mich je unterstützt, ja man hat mir in der Regel nur Steine in den Weg gelegt, prahlte und klagte er einmal mir gegenüber. Diese unverfrorene Einseitigkeit bei der Bewertung, die dazu führt, daß alles Erfolgreiche sich selbst und nur sich selbst zugeschrieben wird, führt zu einem immer verstiegeneren Konzept der eigenen Größe, das in eine Art Unfehlbarkeitsüberzeugung münden kann. Der Einzige, seine Talente und seine Leistungen. Cäsar hat Gallien erobert, hatte er nicht wenigstens einen Koch dabei, spottet Brecht.

Zur Sicherung des Selbstkonzeptes werden andere Lebensbereiche, in denen die Lage vielleicht nicht so glänzend ist, dem Hauptbetätigungsfeld des Narzißmus mit der Zeit zunehmend untergeordnet. Das kann die Familie sein, aber auch die Menschlichkeit im Umgang mit für unwichtig gehaltenen Zuarbeitern bis hin zur eigenen Gesundheit. Alles hat dann nur noch reibungslos zu funktionieren, um die Bedingungen zur Entfaltung der eigenen Größe zu optimieren. Störungen werden strengstens geahndet.

So kann ein Teil der narzißtischen Selbstüberschätzung durchaus auf reale Erfolge und Leistungen zurückzuführen sein, allerdings nur dann, wenn sie in der eben beschrieben Art verarbeitet und bearbeitet werden. Dann wird daraus ein Anspruch dem Leben gegenüber abgeleitet, der überdimensional sein kann.

Nun wird man mit Recht einwenden, daß Menschen in den seltensten Fällen ausschließlich Erfolge erleben.

Reichen nicht schon gelegentliche unausweichliche Mißerfolge aus, um die Omnipotenzphantasien zu relativieren?

Das hängt wiederum sehr stark davon ab, was überhaupt als Mißerfolg gewertet wird und wie er interpretiert wird.

Sieht Herr Leu in der Tat seiner Frau einen persönlichen Mißerfolg oder gar ein Anzeichen eigenen Versagens? Nein, wie wir aus seinem Verhalten ablesen konnten. Aufgrund der straff hierarchischen Organisation seines Wertesystems empfindet er das Vorkommnis in erster Linie als „Störung". Wir sollten nicht daraus schließen, daß seine Frau ihm völlig indifferent sei. Er interpretiert einfach ihr Verhalten um. Es ist nicht Ausdruck ihrer Bedrängnis oder gar ein Indiz für echte Verzweiflung, sondern die kindische Reaktion von jemand, der nur Aufmerksamkeit auf sich lenken will. Sie handelt so, weil sie ihren kleinkarierten Eigeninteressen frönt und nicht dazu in der Lage ist, die Größe seiner Aufgabenwelt nachzuvollziehen. Sein Beitrag zur Lösung des Problems besteht lediglich darin, daß er seinen Chauffeur anweist, den weiten Weg zu mir zu fahren, damit er mich beauftragen kann, sie zur Raison zu bringen.

Erlebt Herr Leu einen Rückschlag, bei dem er nicht umhin kann, ihn als solchen zu bewerten, so bietet ihm seine Meisterschaft in narzißtischen Manövern mancherlei Ressourcen. Erhält er einen Auftrag nicht: Na gut! Es wäre ohnehin ein Verlustgeschäft geworden, und er hat in letzter Zeit richtiggehend gerochen, daß er die Finger davon lassen soll. Diese Strategie ist nicht unbeliebt.

Ich kann mich auf meinen Instinkt hundertprozentig

verlassen, versicherte mir einmal eine junge Dame. Auf mein aufrichtig interessiertes Nachfragen, woraus sie diese wundervolle Einsicht ableite, funkelte sie mit den Augen, wie sie es schon bei der ersten der „Acht Edlen Übungen" von ihrem Ba Duan Djin-Lehrer gelernt hatte, und eröffnete mir: Ich bin eben zum zweiten Mal durchs Abitur gefallen. Ich soll nicht Ärztin werden, um mich der Pharmaindustrie verdingen zu müssen. Kurz darauf hatte ihr Instinkt sie davor bewahrt, nach einem Vorstellungsgespräch in die Computerbranche eintreten zu müssen, dadurch daß er ihr auf die Frage des Interviewers: „Was sind denn Ihre Stärken?" die Antwort zugeflüstert hatte: „Was sind schon Stärken in dieser beschissenen Welt." Gleichzeitig ließ er sie im Anschluß daran standhaft nicht mehr vor zwei Uhr Mittag aufstehen, weil die bad vibrations der Menschen am Vormittag erfahrungsgemäß ihren Energiehaushalt in Unordnung brachten, und schließlich war es ihr Instinkt und niemand geringerer, der sie Directrice einer Bildagentur werden ließ, die dadurch florierte, daß ihr Vater, ein erfolgreicher Architekt, einmal im Jahr das Cover für seine Neujahrsgrußkarten orderte.

Man sieht, bei entsprechender Virtuosität im Umdenken und Umdefinieren läßt sich ein gesunder Anspruch nicht so schnell kleinkriegen. Es gibt dabei noch viele andere Hilfsmittel, besonders im Umgang mit Mißerfolgen. Einer davon besteht darin, die blassen Statisten, die man auf dem Weg zum Erfolg mit Recht links liegenlassen konnte, urplötzlich zum Leben zu erwecken, wenn die Dinge einmal schief gegangen sind. Sie sind es dann, die durch schändliches Versagen bei ihren subalternen Tätigkeiten den großen Wurf sabotiert haben. Plötzlich, mitten im März, verliert Cäsar die Übersicht, vermutlich weil der Koch am Morgen die Suppe versalzen serviert hat.

Egotismus nennt man die Tendenz, Erfolge auf die eigenen Leistungen und Fähigkeiten zurückzuführen, Mißerfolge auf ungünstige Umstände oder auf das Versagen anderer. Keine schlechte Einstellung, mit einer hohen Fähigkeit zum Selbstwerterhalt. Sie wirkt sich aber dann destruktiv aus, wenn sie so ausgeprägt ist, daß sie wichtige Lernerfahrungen geradezu unmöglich macht. Dann verliert der Mensch die Möglichkeit, sein Anspruchsniveau, das heißt die Erwartungen, die er in den verschiedenen Lebensbereichen hat, flexibel zu halten und an die jeweils aktuelle Situation anzupassen. Ein hypertropher Narzißmus führt also immer zu hohen Erfolgserwartungen. Erfolge steigen zu Kopf, weil sie ausschließlich sich selbst zugeschrieben werden. Stellen sie sich nicht mehr im gewünschten Maße ein, so gibt es lange Zeit Wege, das vor sich selbst zu kaschieren und zu bemänteln. Entwickeln sich die Dinge längere Zeit schlecht, so läuft das ganze System Gefahr, zusammenzubrechen. Reaktionen sind dann zuerst unbändige Wut und schließlich sogar der totale psychische Zusammenbruch, die Depression und die Verzweiflung. Man spricht dann von narzißtischen Krisen.

So ist der narzißtisch geprägte Mensch im Grunde eine Art Seiltänzer. Seine Bewegungen können recht gekonnt, ja sogar anmutig wirken, wenn er sich tänzelnd weiterbewegt, aber das Seil ist zu hoch, zu lang und nicht fest genug gespannt. Ermüdet er oder fängt der Wind gar an zu wehen, so beginnt er zu schwanken. Das bringt ihn aus dem Konzept. Seine Bewegungen werden immer fahriger, und er kann schließlich ganz abstürzen, lange Zeit in ein Sprungtuch, das seine sorgenden Zuschauer für ihn bereithalten.

Trainiert er nicht hart genug?

Halbherzigkeit

Was haben denn Menschen wie Herr Leu und Jonny gemeinsam, mag man sich an der Stelle fragen.

Der eine steht voll im Leben, ist erfolgreich und einflußreich. Der andere schlägt sich die Tage um die Ohren, träumt bloß davon, etwas zu vollbringen, und regiert höchstens über seine kleine Welt, die er abwechselnd als Schutz gegen Gottweißwas durch die Stadt scheucht.

Ich habe eingangs Narzißmus charakterisiert als die Bestrebung, sich so zu verhalten und sich so zu beurteilen, daß daraus positive Rückschlüsse für das eigene Selbstwertgefühl gezogen werden können. Das geschieht im wesentlichen durch die Feststellung, daß die aktuellen Leistungen nicht zu sehr von der Idealvorstellung entfernt sind. Was Menschen wie Jonny und Leu gemeinsam haben ist, daß diese an sich notwendige und gesunde Arbeit in einer ganz charakteristischen Weise ausartet. Sie verlieben sich dermaßen in das Image, das sie von sich selbst haben und der Welt vorführen, daß sie es auf Dauer für ihr wahres Selbst halten, statt, wie es richtig wäre, darin eben die Idealvorstellung zu sehen, an der das reale Selbst zu messen ist. So bleiben sie sozusagen an ihrem Image hängen. Dadurch, daß sie sich mit ihrem idealisierten Selbstbild identifizieren, sind sie nicht mehr in der Lage, zu unterscheiden zwischen dem, der sie sein wollen und dem, der sie wirklich sind. Dynamisch betrachtet bedeutet das, daß sie die gesamte seelische Energie in ihren Wunschtraum von sich selbst investieren und kaum innere Ressourcen für ihr reales Selbst übrigbleiben. Ihre gesamte Tätigkeit ist damit auf die Aufpolierung ihres Images gerichtet, und das geht eindeutig auf Kosten des eigenen Selbst.

So spaltet sich ihre Persönlichkeit im Grunde genommen in zwei Anteile. Der eine Teil wirbelt ständig herum, ist hyperaktiv, anspruchsvoll und eilt scheinbar von Erfolg zu Erfolg. Damit identifiziert sich der narzißtische Mensch und hält es für sein wahres Ich. Der andere Teil, der wichtigste (denn sind wir gleichzusetzen mit unseren Ansprüchen, Wunschträumen und unseren Größenphantasien?) führt ein Schattendasein, wird an den Rand gedrängt, ja so weit es geht verleugnet.

Das haben Menschen wie Leu und Jonny gemeinsam: Neben dem Größenselbst vegetiert das wahre Selbst dahin. Es fühlt sich schwach, bedroht, ja oft genug ohnmächtig. Periodisch tritt es in den Vordergrund, dann kollabiert zeitweilig die ganze obere Garnitur, und alles sieht ganz anders aus.

Wir haben uns gefragt, ob der narzißtische Seiltänzer überhaupt genug trainiere. Das heißt, kann er sich grundsätzlich in die Lage versetzen, seine hochtrabenden Pläne nun auch zu verwirklichen? Daß er Herumagieren kann, haben wir zur Genüge gesehen. Aber wie arbeitet er? Wie steht es wirklich um seine Erfolge?

Mit dem Begriff „erfolgreich" bezeichnen wir jemand, der fähig ist, die Welt um sich herum entsprechend den Anforderungen seiner inneren Welt so zu beeinflussen und zu verändern, daß beide möglichst in Übereinstimmung gebracht werden.

Inwieweit können narzißtische Persönlichkeiten auf dem Hintergrund ihrer Persönlichkeitsstruktur wirklich erfolgreich sein? Es gibt sicherlich einige, denen es gelingt, natürlich auch nur unter günstigen Umständen, ihre grandiose Selbstsicht weitgehend in die Tat umzusetzen. Es handelt sich dabei um Persönlichkeiten, deren innere Organisation trotz narzißtischer Tendenzen so kohärent ist und deren Fähigkeiten so ausgeprägt sind, daß sie einer staunenden Welt schlußendlich beweisen können, daß sie tatsächlich realisieren, was nur sie für möglich hielten.

Sehen wir uns kurze Auszüge aus der Lebensgeschichte eines solchen Mannes an.

General Charles de Gaulle beginnt seine Memoiren mit dem Satz: „Ich habe mir mein ganzes Leben ein bestimmtes Bild von Frankreich gemacht." Da er später öfters vor einer jubelnden Menge ausrief: „Frankreich, das bin ich", kann man daraus ableiten, daß er sich sein ganzes Leben ein bestimmtes Bild von sich selbst gemacht hat. Aber er hatte nicht nur Bilder, sondern er handelte auch.

Noch auf der Militärakademie wies er in einer Denkschrift auf die Bedeutung der Panzerwaffe für die moderne Kriegsführung hin, stieß aber damit beim französischen Oberkommando auf taube Ohren. Bei der deutschen Invasion hatte er einen kurzen Gegenangriff mit einem Panzercorps versucht, war aber nach sehr kurzer Zeit damit gescheitert. Nichts anderes wäre danach zu erwarten gewesen, als sein definitives Verschwinden von der weltgeschichtlichen Bühne nach einem kurzen und nicht sehr erfolgreichen Auftritt.

Am Tage des französischen Waffenstillstandsange-botes begleitete er zufällig, in einer völlig subalternen Funktion, den Verbindungsoffizier Churchills beim französischen Oberkommando zum Flughafen. Statt sich artig zu verabschieden, schwang er sich im letzten Augenblick in die anrollende Maschine, um mit nach England zu fliegen. Dort kannte ihn niemand, man war verlegen und wußte nichts mit ihm anzufangen.

Am Abend des nächsten Tages, des 18. Juni 1940, ging er zur BBC, ergatterte ein Mikrofon und richtete über den Rundfunk den Appell an das französische Volk, den Kampf an der Seite der Briten fortzusetzen. Der Appell blieb zunächst, selbst in Frankreich, ohne jede Resonanz. Lediglich in einigen Kolonien wie Fran-zösisch-Äquatorialafrika und in Kamerun signalisier-ten einige Gouverneure etwas wie leichtes Interesse. Churchill hatte überhaupt kein Interesse.

1942 gründete de Gaulle in Nordafrika eine französi-sche Exilregierung, deren Truppen am 25. August 1944 Paris unter seiner Führung befreiten. Noch im Kugel-hagel von Heckenschützen ging er mit seiner Anhän-gerschaft, die er um Kopfesgröße überragte, gemesse-nen Schrittes über die Champs-Élysées. Bis 1946 war er Staatsoberhaupt.

Als ihn der Landwirtschaftsminister einmal mit Zahlen über die Engpässe in der Nahrungsversorgung langweilte, schickte er ihn kurzerhand weg mit den Worten: Erzählen Sie das doch einem Feldwebel.

1946 gab er freiwillig sein Amt auf und zog sich auf seinen Landsitz in Lothringen zurück. Er meinte: Wenn die Franzosen reif sind, werden sie mich rufen.

Im Mai 1958, anläßlich der Wirren um den algeri-schen Unabhängigkeitskrieg, riefen sie ihn. Er setzte eine neue Verfassung durch und wurde der erste Präsident der Fünften Republik. Er ging nach Algier, stellte sich vor die Massen, die die weitere Zugehörigkeit Algeriens zu Frankreich forderten, und rief: Franzosen, ich habe euch verstanden.

Kurz darauf führte er Geheimverhandlungen mit dem algerischen Widerstand und entließ das Land in die Unabhängigkeit.

Bei einem der vielen Attentate, die daraufhin auf ihn verübt wurden, wären er und seine Frau beinahe ums Leben gekommen. Er stieg aus dem Auto, betrachtete die von Kugeln durchsiebte Karosserie und sagte: Yvonne, wissen Sie (er hat sie ein Leben lang gesiezt), verlassen wir diesen Ort, diese Leute haben keine Manieren.

Der Hauptattentäter wurde zum Tode verurteilt. Als sein Anwalt, wie die Verfassung es vorschreibt, de Gaulle um Gnade bitten wollte, empfing dieser ihn mit den Worten: Herr Anwalt, ich werde Sie fünf Minuten anhören, aber nehmen Sie zur Kenntnis, daß niemand de Gaulle umstimmt.

Er ließ ihn hinrichten. Schlechte Manieren waren für ihn ein unverzeihliches Verbrechen.

Einmal sagte er: Die Franzosen sind Kälber.

Einmal bei der Betrachtung der Weltkarte: Amerikanischer Präsident müßte man sein.

Zu seinem Sohn, einem hohen Marineoffizier, sagte er einmal: Philipp, mein Herr Sohn, wo ist Ihre Fregatte? Sie sehen wie ein gewöhnlicher Zivilist aus.

Der sah daraufhin hilfesuchend die Mutter an. Sie sagte: Antworte deinem Vater.

De Gaulle meinte: Ein schöner Baum ist eines der wenigen Dinge auf Erden, die man nicht besitzen kann.

Verfolgte er am Fernsehschirm ein Fußball- oder ein Rugbyspiel, bei dem Frankreich zu unterliegen drohte, so soll er den Tränen nahe gewesen sein.

Anläßlich der Studentenunruhen im Mai 1969, bei denen schließlich neun Millionen Bürger in einen Generalstreik traten, ging er nach Baden-Baden zum Befehlshaber der französischen Besatzungsarmee und verpflichtete ihn zu einer bewaffneten Rückeroberung von Paris, sollte die Situation es erforderlich machen.

Nachdem die Lage wiederhergestellt war, verließ er kurz darauf sein Amt, weil seine Vorstellungen in einem völlig sekundären Referendum gescheitert waren. Das Referendum hatte er angekündigt als eine Entscheidung zwischen ihm und dem Chaos.

Als de Gaulle am 9. November 1970 starb, sagte Sartre, der ihn ein Leben lang bekämpft hatte: Dieser Berg des Schweigens schöpfte seine Kraft aus unseren Schwächen. Ich habe nie Achtung vor ihm empfunden.

Als der Innenminister anläßlich des Pariser Aufstandes vorschlug, Sartre, der als einer der Hauptdrahtzieher galt, festzunehmen, sagte de Gaulle: Er ist ein Mann wie Voltaire. Man wirft einen Voltaire nicht ins Gefängnis.

Eine so widersprüchliche Persönlichkeit wie die de Gaulles weist auf der einen Seite deutliche narzißtische Züge auf, erweist sich aber auch als großartig und tatkräftig genug, um ihre Pläne unter optimaler Ausnutzung der Gegebenheiten in die Tat umzusetzen. Er war sicherlich auch verliebt in seine grandiosen Visionen, besaß aber daneben so viel Mut, Entschlossenheit und Hartnäckigkeit, um die Rolle, die er glaubte im Weltgeschehen spielen zu können, zu rechtfertigen.

Narzißmus als Voraussetzung für große Taten? Regel oder Ausnahme? Wird Jonny ein großer Schriftsteller? Haben wir die Leiterin der zukünftigen Top-Bildagentur kennengelernt? Eher die Ausnahme. Die Halbherzigkeit ist schuld.

Erinnern wir uns daran, daß wir dem übermäßig narzißtischen Menschen so etwas wie eine zweigeteilte Persönlichkeit zugeschrieben haben. Neben dem grandiosen Selbst existieren Persönlichlichkeitsanteile, die sozusagen immer wieder vor dessen grandiosem Entwurf erschrecken und zurückschrecken. Jeder von uns hat schon die Erfahrung gemacht, daß Pläne, die man am Tag vorher geschmiedet hat, einem am nächsten Morgen in einem ganz anderen Licht erscheinen. Man bemerkt plötzlich Aspekte der Angelegenheit, die einem vorher nicht bewußt waren, es fallen mögliche Schwierigkeiten und Hindernisse auf, die vorher nicht so deutlich wahrgenommen wurden, und der erste Elan ist erst einmal weg. Erst überschlafen, lautet die Regel, die wir als Ergebnis dieser Alltagserfahrung ableiten und die uns vor vielen ungenügend reflektierten Schritten bewahren kann.

Ähnlich verhält es sich bei narzißtisch geprägten Charakteren. Benutzen wir das Bild von der Zweiteilung weiter, so haben wir einen durch keinerlei Bedenken oder Problembewußtsein behinderten, vorpreschenden Teil, das Selbstimage, mit dem der narzißtische Mensch sich vorwiegend identifiziert. Der andere Teil ist letztlich durch Zögern, Angst vor Niederlagen und Absicherungstendenzen geprägt. Die Kommunikation zwischen beiden ist so schlecht, daß sie sich gegenseitig wenig korrigieren können. Vor allem der ängstliche Teil ist schwer dazu in der Lage, die Größenphantasien des anderen zu zähmen, weil der immer wieder Ausflüchte findet und Unterstützung erfährt, die ihm längere Zeit erlaubt, seine hochmütige Haltung beizubehalten.

Aus dieser Struktur ist die Halbherzigkeit erklärbar, die fast immer dann sichtbar wird, wenn es um die konkrete Realisierung der Pläne geht. Sie ist einmal ein Ausdruck der Diskrepanz zwischen dem Anspruch und der bisher erfahrenen Leistungsfähigkeit, die dann doch zurückschrecken läßt. Zum anderen resultiert sie aus der panischen Angst vor Niederlagen, die, trotz der vorher angesprochenen Kommunikationsschwierigkeiten, das unstabile Gefüge der narzißtischen Persönlichkeit ins Wanken bringen könnte.

Man unterscheidet in der Psychologie zwischen erfolgsorientierten und mißerfolgsorientierten Menschen. Bei den ersten steht die Hoffnung an das mögliche Gelingen eines Unternehmens im Vordergrund. Ihretwegen ist man in der Lage, Kräfte zu mobilisieren und sie energisch einzusetzen. Risiken, mögliches Scheitern und potentielle Niederlagen werden dabei in Kauf genommen. Bei mißerfolgsorientierten Menschen steht der Gedanken einer möglichen Niederlage so im Vordergrund und erscheint so unerträglich, daß der Entschluß zur Aktion sehr schwer fällt. Es wird immer wieder gezögert, und es werden Ausflüchte gesucht. Daraus ergibt sich der Eindruck der Halbherzigkeit, wenn es darum geht, wirklich etwas zu unternehmen. Einer der großen Widersprüche im narzißtischen Charakter ist der zwischen seinen hochtrabenden Plänen und Ansprüchen und der Halbherzigkeit, die seine Aktionen charakterisiert. Eine riesige Pläneschmiedefabrik und desolates Management bei der Ausführung. Wird es konkret und soll es endlich zur Sache gehen, wird ewig am Korbballnetz herumgeflickt: Narzißten sind grundlegend mißerfolgsorientierte Menschen.

Vor einiger Zeit suchte mich Alfred auf. Er hatte mich vorher angerufen mit den Worten: Ich bin's. Da wir uns aus einem meiner Seminare an der Freien Universität Berlin kannten, mit denen ich vor ungefähr acht Jahren aufgehört hatte, waren wir sozusagen alte Bekannte, und das Gespräch nahm zuerst einen durchaus freundschaftlich-privaten Verlauf. Er erkundigte sich interessiert und ausführlich danach, was denn in all den Jahren aus mir geworden sei. Nachdem ich ihm in groben Zügen meinen beruflichen Werdegang dargelegt hatte, runzelte er die Stirn und sagte: dein (Reminiszenzen an die Uni-Zeit) alter Fehler. Ich glaube, ich habe dir schon damals gesagt, verzettele dich nicht. Nicht kleckern, klotzen!

Dann gab er ein kurzes Aperçu über ein Referat, das er einmal für ein Seminar vorbereitet hatte. Es ging im wesentlichen um „Meditative Verfahren zur Bündelung der psychischen Energie und ihr Einsatz in Therapie und Alltagsleben". Ein Thema, das ihn schon damals faszinierte und, wie er mir versicherte, seitdem nicht losgelassen hatte. Da eine unübersehbare Serie an widrigen Umständen ihn in letzter Sekunde daran gehindert hatte, seine diesbezüglichen Gedanken und Einsichten „schriftlich zu fixieren", wie er es leicht verächtlich ausdrückte, hatten wir all die Jahre ohne sie auskommen müssen. Bei mir war die Folge eine leichte, aber dennoch nicht zu übersehende Ungebündeltheit, die wir nun gemeinsam zu bedauern hatten.

Doch nun zum Zweck meines Besuches, sprach er und lehnte sich bequem zurück. Meine Psychotherapie, die ich seit Jahren mache, schlägt sehr gut an, so daß man davon ausgehen kann, daß die wesentlichen Probleme unter Kontrolle sind. Er ging noch einmal in einem kurzen Resümee auf die wichtigsten Stationen seines Lebens ein, ihre Auswirkungen auf sein allgemeines Gefühlsleben und auf einige Eigenarten, die ihn heute auszeichnen, wie seine tief empfundene Begeisterung für Winzighornsonaten und seine Vorliebe für Reisfaserschlipse. Er hätte sich noch bequemer zurückgelehnt, wenn's nur gegangen wäre, und sagte: Also alles bestens, nur ein kleines Problemchen.

Ich fragte, vielleicht etwas zu hart: Was denn? Und er meinte: Du wirst es nicht glauben, eine Art Schreibhemmung. Ich muß etwas dümmlich gefragt haben: Was schreibst du denn gerade, denn er sah mich mißbilligend an und sagte schnippisch: Ich schreib' eben nicht! Nun hatte ich verstanden.

Alfred mußte schleunigst seine Diplomarbeit fixieren, ihr sozusagen den letzten Schliff geben. Sein Anspruch war immer schon sehr groß gewesen, ja man hätte geradezu von Perfektionismus sprechen können, hätte dieses Wort nicht diesen buchhalterisch-sterilen Beigeschmack, der sich einem eher akribisch aneinandergereihte, wenn auch fehlerlose Zahlenreihen vorstellen läßt – alles andere, als das, was Alfred vorhatte. Es sollte ein großes Thema sozusagen endgültig abgehandelt werden. Er hatte sich immer wieder die Traktätchen angesehen, die seine, dem Namen nach, Kommilitonen als sogenannte Diplomarbeiten zusammengeschrieben hatten, sie mit spitzen Fingern auf ihre geistige Substanz hin abgewogen und letztlich verächtlich wieder in die endlose Reihe der Dokumentation des Mittelmaßes an unserer Hochschule zurückgestellt. So etwas kam für ihn nicht in Frage. Er betrieb ein erschöpfendes Quellenstudium, bei dem es ihm sogar gelang, zwei in einem internationalen Katalog angeführte Arbeiten aus Norwegen zu beschaffen, die seiner Anmutung nach neue Aspekte in die Diskussion einbringen sollten. Ob ich jemand wüßte, der norwegisch kann?

Im Lauf der Zeit war genügend Material zusammengekommen, so daß er sich an die endgültige Formulierung des Themas machen wollte. Sein Betreuer hatte ihn nie gedrängelt, teils weil er Alfred und seinen Hang zum großen Wurf kannte, teils weil er als humanistischer Psychologe wußte, daß letztlich nur Dinge Bestand haben, die ohne Druck entstehen und sozusagen aus dem Bauch kommen. Zwischendurch galt der Betreuer auch einmal für längere Zeit als verschollen, weil er sich in einem seiner Freisemester aufgemacht hatte, uralte Indioriten für erschöpfte Andenläufer zu studieren, die sich bei uns eventuell bei der Therapie des lästigen „psychogenen Hausmädchenknies" fruchtbar anwenden ließen. Kurzum, Alfred hatte sich ausführlich auf den Beginn seiner Fixiertätigkeit einstimmen können.

Voller Elan machte er sich an die Vorbereitungen. Innerlich war er mehr als bereit, denn sein Therapeut hatte eine Kopfbewegung gemacht, die man, ohne allzuviel Risiko, als ein vorsichtiges grünes Licht interpretieren konnte. Aber dann kam es Schlag auf Schlag, und ich mache es kurz:

Einmal zog ein neuer Nachbar ein, sicher Frührentner, der mehrmals am Tag lautstark „Das wüste Land" von T. S. Elliot deklamierte, einmal bekam Alfred unvermittelt Hautrötungen, die er als ernstzunehmende Warnung seiner Chakren vor allzu viel Hast interpretierte, einmal mußte er kurzerhand alles unterbrechen und seine Schwester in Bielefeld betreuen, die in eine Identitätskrise geschlittert war, weil sie im Fernsehen die Lebensbeichte von Ingrid Steeger gehört hatte. Dann dachte er wieder, doch nicht ohne die Auswertung der norwegischen Arbeiten auskommen zu können, und so ging es genauso endlos wie unverschuldet weiter, bis er sich an mich erinnerte. Ich sollte ihm doch einfach ein paar Ratschläge geben, nichts großartig Therapeutisches, denn er wollte um keinen Preis durch meine Rattenpsychologie auf ein Normalmaß zurückgestutzt werden. Nachdem ich mich genau über sein Arbeitsverhalten informiert hatte, schlug ich ihm vor, erst einmal mit ihm zu trainieren, sich hinzusetzen. Alfred fand das nicht sehr hilfreich.

Die Bereitschaft narzißtischer Menschen, Mühen und Anstrengungen zu investieren, ist mehr als relativ und an eine Anzahl für sie typischer Bedingungen geknüpft. Sie wagen entscheidende Aktionen nur dann, wenn sie glauben, hundertprozentig „bereit" dafür zu sein und entdecken immer neue Handicaps, bevor sie optimal agieren können. Dann hat sich die Umwelt hundertprozentig für die großen Taten bereit zu halten. Störfaktoren jeglicher Art könnten die Perfektion der zu erwartenden Leistungen schmälern und müssen vorher verschwinden. Das totale Gefühl der Kontrolle ist die Voraussetzung dafür, daß man sich in Bewegung setzt. Besonders dann, wenn das Werk einem selbst oder anderen echte Informationen über die eigene effektive Leistungsfähigkeit liefern würde, nimmt die Absicherung kein Ende. Eine einmal fertiggestelle Diplomarbeit liegt da, schwarz auf weiß. Gebietet da nicht die elementarste Vorsicht, sich erst gar nicht hinzusetzen, da die Folgen unübersehbar sein könnten? Wie optimal müssen da die Voraussetzungen und die Begleitumstände sein, bevor man wirklich die Verantwortung für die eigene Tat übernehmen kann!

Von wenigen wirklich tatkräftigen Menschen einmal abgesehen, denen es sogar gelingt, ihre grandiosen Pläne zu verwirklichen, führt übermäßiger Narzißmus zum Gegenteil von dem, was der hochtrabende Überbau fordert: zu wahrer Halbherzigkeit, wenn es zu handeln gilt.

Diese Halbherzigkeit kann den ganzen Menschen überziehen.

Schließen wir mit einem freundlichen Bild. Was gibt es Aufregenderes als ein junges Paar, weltvergessen, in intensiver Zweisamkeit, noch bei Mott:

Er: Britt. Der Film? Wie heißt er bloß?

Sie: Welcher Film?

Er: Der Film.

Sie (ungeduldig): Welcher Film?

Er: Der erste Film, wo ich und du.

Sie: Nein.

Er: Find ich doof. Find ich richtig doof. War es nicht o.k.?

Sie: Was?

Er: Ich und du im Kino.

Sie: Es ging so.

Er: Find ich nicht gut.

Sie: Das ist dein Problem.

Schweigen

Sie: Hast du Hunger?

Er: Ich weiß nicht.

Sie: Ich schon.

Er: Sehr?

Sie: Nicht so sehr.

Er: Du kannst was essen.

Sie: Ich weiß, ich kann was essen.

(blättert in der Speisekarte und legt sie beiseite)

Schweigen

Er: Magst du mich?

Sie: Malt, frag nicht.

Er: (nimmt die Speisekarte und blättert darin, legt sie beiseite)

Ist mir wichtig.

Sie: Das ist dein Problem.

Schweigen

Er: Ich weiß, wie der Film heißt.

Sie: Schön für dich.

Er: Willst du's nicht wissen?

Sie: Du kannst es ja sagen.

Er: Klar, kann ich es sagen. Wenn ich will.

(nimmt die Speisekarte und blättert darin, legt sie beiseite)

Schweigen

Er: Außer Atem.

Sie: Wovon?

Er: Außer Atem, der Film.

Sie: Stimmt.

Er: (zögert) Das einzigste Mal, daß wir im Kino geküßt.

Sie (nimmt die Speisekarte und blättert darin)

Wehleidigkeit

Niemand von uns ist sich so sicher über das, was er ist, noch über das, was er tut. Die Möglichkeit, am eigenen

Wert zu zweifeln, sitzt allen tief in den Knochen. Jeder hat erlebt, mit welcher Vehemenz Selbstzweifel bis hin zu Selbstanklage und Selbstverurteilung ausbrechen können. Wenn wir auch nachher, zu recht oder zu unrecht, gemeint haben, dadurch geläutert worden zu sein, so werden wir uns nicht alle Tage eine solche Zurechtweisung wünschen. Ein Regulationsprozeß, wir haben ihn Narzißmus genannt, kann hier mildernd eingreifen.

Der Angeklagte vor Gericht muß zweifelsfrei des Verbrechens überführt sein, bevor er überhaupt für schuldig befunden werden kann. Seine Anwälte werden alles mögliche unternehmen, um das zu verhindern. Unsere narzißtischen Kräfte tun Ähnliches. Sie heben unsere Tugenden und guten Taten hervor, relativieren zweifelhafte Aktionen, indem sie versuchen, ihnen einen durchaus ehrenwerten Sinn zu verleihen. Sie entschuldigen schließlich eindeutiges Versagen dadurch, daß ihre Kunstfertigkeit im Entdecken immer neuer mildernder Umstände geradezu unerschöpflich ist. In diesem Falle aber werden pflichtbewußte Anwälte am Ende, und haben sie vor Gericht auch noch so aufgetrumpft, ihren Mandanten beiseite nehmen, um ein ernstes Wörtchen mit ihm zu reden: So geht es nicht weiter. Ist der dann einigermaßen einsichtig, dann war die Angelegenheit doch nicht ganz umsonst. Was ist aber dann, wenn er sich verstockt jede Belehrung verbittet und stur auf seinem Standpunkt verharrt, daß er nichts, aber auch gar nichts falsch gemacht habe? Dann wird sich nicht viel ändern, und er mag höchstens die Schlußfolgerung ziehen, sich beim nächsten Mal mit noch mehr und abgebrühteren Verteidigern zu umgeben, die ganz im Solde seiner Unantastbarkeit stehen. Die werden noch vehementer Partei für ihn ergreifen und auch nicht im Traum daran denken, nach getaner Arbeit ihn mit Lektionen in Realismus oder gar in Moral zu belästigen. In einem solchen Fall hat der Narzißmus seine Qualität verändert; langfristig gesehen wird er sich mit Sicherheit negativ auswirken.

Was unterscheidet Menschen, die mit einer vertretbaren gesunden Form des Narzißmus auskommen von solchen, die schwere Geschütze auffahren bei jeder Gelegenheit, bei der sie sich auch nur andeutungsweise in Zweifel gezogen fühlen? Einige wichtige Unterschiede haben wir schon kurz beschrieben. Bei den einen ist der Anspruch flexibel genug, um sich ausreichend an die Realität anzupassen. Sie sind in der Lage, zwischen ihren Stärken und Schwächen zu unterscheiden, äußere Bedingungen einzuschätzen und ihnen Rechnung zu tragen. Sie sind auch dazu fähig, ihre Anstrengungen zu steigern, wenn die Situation es erforderlich macht. Dadurch wird eine produktive Erlebnisverarbeitung gewährleistet, die zu einer größeren Beweglichkeit der Persönlichkeit führt. Im Gegensatz dazu stehen Unflexibilität und Starrheit im Anspruch und das Beharren auf den einmal eingeschlagenen Wegen.

Hat die innere Beweglichkeit ein kritisches Minimum unterschritten, so sinkt damit drastisch die Belastungsfähigkeit, das heißt die Widerstandsfähigkeit gegenüber Frustrationen. Ein Mensch wird dann frustriert, wenn er auf dem Weg zu einem bestimmten Ziel durch innere oder äußere Hindernisse aufgehalten wird. Welchen Stellenwert solche Unterbrechungen haben und wie die Reaktionen daraufhin ausfallen, hängt wesentlich von der Art ab, wie sie erlebt werden.

Wenn ich am Vormittag bei recht guter Laune und nicht unter Zeitdruck zum Bäcker gehe, um frische

Brötchen zu kaufen, und feststellen muß, daß er wegen Urlaub geschlossen hat, so erfahre ich zwar ein Hindernis im Ausführen meines Planes „Brötchenkaufen", doch dieser Umstand wird in der Regel keine großen Gefühlsausbrüche auslösen. In einem solchen Fall spricht man am besten von einer Beschränkung, eine Frustration zwar, aber ohne große Nachwirkung. Ich kann leicht die Situation dadurch bewältigen, daß ich einen anderen Bäcker aufsuche, beschließe in einem Kaffeehaus zu frühstücken oder dergleichen mehr.

Nehmen wir aber einmal folgendes Szenarium an:

Ich kaufe öfters bei dem Bäcker ein und habe ihm anläßlich vieler kleiner sich spontan ergebender Gespräche manches über mich erzählt. Zum Beispiel, daß ich im Moment an einer wichtigen Arbeit sitze, die mit Sicherheit ein grandioser Erfolg wird, aber die voraussetzt, daß ich mich absolut an einen auf die Minute geregelten Tagesablauf halte. Nur so kann ich ganz im Vollbesitz meiner schöpferischen Fähigkeiten bleiben. Er hat dabei aufmerksam genickt und an den richtigen Stellen Ah und Oh gesagt.

Und nun diese unerhörte Rücksichtslosigkeit und Provokation. Vorgestern, ausgerechnet an dem Tag, an dem ich ihn darin eingeweiht hatte, daß ich an einer besonders heiklen Passage meines Werkes sitze, hat er es nicht für nötig befunden, mir mitzuteilen: „Ganz wichtig für Sie, damit Sie keinen unnötigen Weg machen und keine Zeit verlieren. Wir haben vom 15. bis zum 30. geschlossen."

Unter solchen Bedingungen erlebe ich die geschlossene Bäckerei nicht nur als Beschränkung, die mich dazu zwingt, mir auf andere Art mein Frühstück zu beschaffen, sondern geradezu als Bedrohung meiner

Person und meines Sozialstatus. Womit habe ich soviel Rücksichtslosigkeit und Verachtung verdient? Habe ich ihm nicht unmißverständlich meine schwierige Lage geschildert? Mit welchem Recht wird mir zugemutet, meine kostbare Zeit zu verplempern? Was ist das für eine Welt, in der große Taten nur auf Widerstände stoßen? Was ist das für eine Gesellschaft, die nur Mittelmaß toleriert und alles Darüberhinausragende vernichten will? Hat das alles unter solchen Bedingungen überhaupt noch einen Sinn?

Die Reaktionen der Betroffenen werden um so heftiger ausfallen, je mehr sie sich in ihren grundlegenden Werten, Zielen und Bedürfnissen bedroht fühlen. Als besonders gravierend empfinden sie die Situation dann, wenn sie ihre Bestrebungen nach Sicherheit in ihrem Beziehungsgefüge in Frage gestellt sehen oder eine Gefährdung ihres Wunsches nach Achtung und Selbstverwirklichung erfahren.

Für alle Menschen ist das Gefühl des Bedrohtseins schwerer zu ertragen als die bloße Wahrnehmung einer Einschränkung. Um so geringer ist aber die Toleranz, je ausgeprägter normalerweise mit narzißtischen Mechanismen gearbeitet wird. Wir erinnern uns: Das zunehmende Sich-Verlassen auf narzißtische Strategien, kurz, die immer größere Identifizierung der Person mit diesem Teil ihres Selbst, hinterläßt eine „Restpersönlichkeit", die schwächer wird und zunehmend zerfällt. Gerade auf dem Hintergrund des narzißtischen Anspruchs faßt sie für andere harmlose Situationen als existentiell bedrohlich auf und entwickelt eine Wehleidigkeit im Umgang mit Krisen, die typisch ist. Es folgen dann Reaktionen, die eine weitere Eskalation des sonst schon so dramatischen Gehabes bedeuten.

Wenn ich von Wehleidigkeit spreche, so soll der Ausdruck richtig verstanden werden. Er meint einmal, daß die Schwelle, ab der ein Ereignis als Bedrohung aufgefaßt wird, relativ gering ist. Zum zweiten impliziert er ein echtes Erlebnis der inneren Erschütterung: Die Person fühlt sich *im Kern* bedroht und in Frage gestellt. Drittens soll der Ausdruck darauf hinweisen, daß die Erlebnisse starke, ja oft geradezu gewaltige Emotionen auslösen können, die den Betroffenen und seine Umwelt massiv beeinträchtigen.

Nun sind die kritischen Ereignisse in der Regel nicht vom Kaliber des verhinderten Brötcheneinkaufs. Ich habe dieses Beispiel nur gewählt, um aufzuzeigen, wie auf dem Hintergrund einer gehörigen Portion Narzißmus die harmloseste Begebenheit zum Drama werden kann.

Schwere narzißtische Krisen, die einem inneren Zusammenbruch gleichkommen, werde ich später kurz beschreiben. Sehen wir doch an dieser Stelle wieder den ganz alltäglichen Narzißmus am Werk.

Der Zufall eines Rohrbruchs trieb mich eines Tages zum Berliner Branchenbuch, dem ich die Telefonnummer der Firma Ludewig entnahm. Die Wahl fiel mir nicht schwer. Herr Ludewig war bei der Gestaltung seines Inserates nicht knauserig gewesen, ohne der Vulgarität einer ganzseitigen Anzeige zu verfallen. Einer solchen begegne ich mit höchstem Mißtrauen, seitdem ich die ganzseitige Selbstanpreisung eines Teams, das hundertprozentige Abhilfe beim Burn-out-Syndrom von Psychokräften versprochen hatte, als Betrugsversuch einer Bande arbeitsloser Landschaftsarchitekten entlarvt hatte, die von einem Schnellkurs im Neurolinguistischen Programmieren zehrte.

Darüber hinaus beteuerte die Firma Ludewig „Wir sind immer für Sie da", schwungvoll in ein Emblem geschrieben, das neben mehreren Wassertürmen eine Löwenpranke und ein kühn geschwungenes Adlerprofil enthielt. Das Adlerprofil beäugte eine Art Dreifaltigkeitssymbol, vielleicht für Küche, Bad und Klo stehend.

Als es schließlich läutete, watete ich zur Tür und öffnete einem Herrn, der sich mit den Worten vorstellte: Ich bin der Meister. Da es sich offensichtlich nicht um einen Kollegen handelte, sah ich keinen Grund zu widersprechen.

Ich sagte bloß: Wie schön, daß Sie schon da sind. Dieser Satz muß ihn wie ein Keulenschlag getroffen haben. Zuerst gelang es ihm noch einigermaßen, die Form zu wahren: „Ich bin es selber, der Meister, der Besitzer der Firma, der Oberboß, wenn Sie das besser verstehen." Seine Stimme hatte schon einen leicht bedrohlichen Unterton. „Ich bin selber gekommen, weil ich den Auftrag über Funk gehört habe und in der Nähe war. Das wollen wir mal festhalten. Ich, Herr Ludewig, seit über 20 Jahren im Geschäft, bin selber gekommen." Ich schaute zur Sicherheit noch einmal nach: In der Tat, er war es. „Wie lange haben Sie denn überhaupt gewartet, Herr Doktor, um zu glauben, mir sagen zu dürfen, wie schön, daß Sie schon da sind; wie lange wartet man denn in der Regel auf Sie, Herr Doktor, bevor Sie schon da sind?"

„Ich habe nicht lange gewartet", wiegelte ich ab und versuchte, seinen Blick von dem gurgelnden Untergrund abzulenken, der unsere Fußknöchel umspülte. Ich ahnte Böses und wollte die Sache nicht noch schlimmer machen.

„Daß Sie schon da sind, schon da, schon", wiederholte Ludewig immer wieder. Die Kränkung saß sehr tief. Die ganze Ungerechtigkeit der Welt, zigmal erfahren, schnürte ihm die Kehle zu: „Das lasse ich nicht auf mir sitzen. Da steht meine Handwerkerehre auf dem Spiel. Mein Vater hat die Firma gegründet und hochgebracht, er sagte immer ..."

Der Meister erzählte. Zwischendurch sprach er, ich will mal nicht so sein, und fing an, seine Werkzeuge auszupacken, nachdem er mir zur kritischen Stelle gefolgt war. Er sah sich den Schaden an und stellte fest: Sehr ernst. Gut, daß ich selber da bin.

Er war wirklich tüchtig und nicht nachtragend. Er half mir sogar dabei, das Wasser zu beseitigen.

„Rechnung folgt. Beim nächsten Mal fragen Sie direkt nach mir. Komme dann selber, wenn ich nur kann."

Ich nahm es mir vor und war fest entschlossen, ihn dann mit den Worten: Da sind Sie ja endlich, zu empfangen. Ich mußte unbedingt erfahren, wie der Wappenmaler, dem er verziehen hatte, daß die Löwenpranke zu nah am zweiten Wasserturm war, ihn später verraten hatte, indem er ... An der Stelle waren wir stehengeblieben.

Gerade an ihrer Hypersensibilität für vermeintliches Unrecht im zwischenmenschlichen Umgang kann man narzißtische Personen leicht erkennen.

Besonders im Kollegenkreis (Beruf beliebig, ausgenommen vielleicht hauptamtliche Flagellanten) bilden diesbezügliche Beobachtungen ein unerschöpfliches Studienfeld. Plaudern wir aus dem Nähkästchen.

Anläßlich eines Kongresses bildete sich spontan eine Arbeitsgruppe. Wir hatten uns entschlossen, einen der

Kongreßabende dazu zu nutzen, ein besonders interessantes Problem zu besprechen. Er wäre ansonsten verplempert worden mit seicht-unverbindlichem Geplauder bei weißer Preßwurst und schlechtem Trollinger oder im ungemütlichen Hotelzimmer mit dumpfem Gebrüte vor der Zimmerbar, bei der ekelhaften Versuchung, das Pay-TV einzuschalten.

Eine solche Initiative und soviel Engagement für die Sache müßte durchaus verbinden, hoffte ich. Ich schaltete also das Pay-TV aus, schloß die Zimmerbar ab und begab mich frohgemut zum Treffen in den Roten Ochsen. Es ist sonst nicht meine Art, den etwas antiquierten Standort des allwissenden Erzählers einzunehmen, aber hier muß ich es ausnahmsweise einmal tun. Eine einfache Wiedergabe der Verbalbeiträge, auch ergänzt durch kurze Hinweise auf die damit einhergehende Mimik und Gestik, würde nicht im entferntesten der Vielfalt und der Vielschichtigkeit der dort vertretenen Charaktere gerecht werden.

Butts, über dessen hinterlistige Art noch zu berichten sein wird, sah von seinem Teller auf und sagte: Schön, daß Sie da sind. Ich habe eben angefangen, eine Kleinigkeit zu essen. Die Preßwurst ist vorzüglich.

Das könnte dir so passen, dachte ich und bestellte einen Coq au Vin (scheußlich hier, aber was soll's) und eine Flasche Pommard, nicht ohne freundlich bemerkt zu haben: Wenn Sie nach Ihrem Gläschen Trollinger noch Kapazitäten haben, können Sie ihn ja probieren. Butts sagte entzückt, ja gerne, und dachte: bei deinem Sauftempo höchstens von der dritten Flasche.

Ich stocherte etwas mißmutig in grau-gelblichen Oliven herum, die der Wirt dankenswerterweise vom Nachbartisch auf den unseren gestellt hatte, und war etwas pikiert, weil Butts mich nicht gleich auf meinen Artikel ansprach, der vor zwei Wochen erschienen war. Und das, obwohl ich ihn dreimal zitiert hatte, zugegebenermaßen vor allem, um ältere, völlig überholte Sichtweisen des entsprechenden Problems zu belegen.

Habe ihren Artikel gelesen, sagte endlich Butts und sein Gesicht verriet etwas über den Säuregehalt der Mixtur, die seine Preßwurst umspülte.

Ich fragte, Überraschung vortäuschend: Sie hatten schon Zeit, ihn zu lesen? (Ich wußte sehr wohl, daß ein Projekt, das er zur Förderung eingereicht hatte, abgelehnt worden war. Er hatte im Moment jede Menge Zeit.)

Butts überlegte gerade, ob er mir jetzt oder sozusagen als krönenden Abschluß des Abends mitteilen sollte, daß ihm übertragen worden war, einen Handbuchartikel zu dem Thema zu schreiben, das ich für mein Spezialgebiet hielt.

Da betraten Klotz und Meiserich die Gaststube und sagten: Schön, daß Sie da sind.

Meiserich mag Butts nicht, das ist beruhigend, aber Klotz hatte ihm vor der Tür gesagt: Du wirst sehen, der andere ist noch blöder, und damit konnte nur ich gemeint sein.

Ich habe nichts gegen Klotz und schon gar nichts gegen Meiserich. Sie setzten sich hin und sagten: So, hier sind wir. Das war nicht zu übersehen. Vor allem Klotz war nicht zu übersehen, weil er wieder einen Riesenstapel Sonderdrucke seines letzten Artikels mitgebracht hatte, der immerhin schon fast anderthalb Jahre alt war. Ich hatte schon drei davon und bedankte mich höflich für den vierten und deckte damit die Oliven ab, die anfingen, mir beträchtlich auf die Nerven zu gehen.

Ich dachte: Der hat sich eine Druckerpresse gekauft und ist autark. Schon wollte ich sagen: Man liest ihn immer wieder gerne, aber mein profundes Gefühl von Kollegialität hielt mich davon ab. Ich schwenkte bloß den Sonderdruck, der etwas Fett angesetzt hatte, und meinte: Wir machen Fortschritte, wir machen Fortschritte. Bald werden es auch die Patienten merken.

Diese unerwartete Perspektive machte uns alle aufrichtig froh. Ich bestellte eine neue Flasche, Klotz und Meiserich Trollinger, Butts ein Mineralwasser „zwischendurch".

Gibt es Spannungen zwischen denen, mag sich vielleicht ein menschlich unverbrauchter Leser fragen. Nicht daß ich wüßte, aber wir hatten, wie alle Menschen, Erfahrungen im Umgang miteinander.

Butts ein Mineralwasser, wie gesagt, und wir kamen zum Thema.

Die Arbeit gestaltete sich nicht einfach. Ich will nur zwei willkürlich gewählte Beispiele geben. Wenn Klotz seine Meinung kund tat, zählte ich ganz automatisch die Oliven und fragte, wenn er fertig war: Und was meinen Sie zu der Sache? Er hatte mich einmal tödlich beleidigt, indem er mir im Anschluß an meinen Redebeitrag in aller Öffentlichkeit die unverschämte Frage gestellt hatte: Sind Sie sich da ganz sicher?

Als ich ein paar Zahlen aus dem Gedächtnis zitierte, bemerkte Butts trocken: Zahlen soll man Wissenschaftlern überlassen, darauf anspielend, daß meine letzte empirische Arbeit gut zwei Jahrzehnte zurücklag und die dabei angewandten statistischen Methoden von der Ethikkommission der Universität Oldenburg aufs schärfste gerügt worden waren. Klotz wand sich in tausend Verzückungen.

So ging die Arbeit zäh, aber unaufhaltsam weiter.

Warum das alles? Jeder hatte jeden seit jeher bei jeder nur erdenklichen Gelegenheit gekränkt, ich will nicht in die Details gehen. Ein Blick, ein Satz, kein Blick, kein Satz, können Verheerendes anrichten bei solch akzentuierten Persönlichkeiten, wie wir es waren und noch immer sind. Mit Ausnahme vom armen Meiserich, der sich kurz danach mit seiner Haushälterin angefreundet hatte. Sie hatte ihn zu einer geheimen Sekte bekehrt, die von ihren Adepten verlangt, nur dann den Mund aufzumachen, wenn sie auch wirklich etwas zu sagen haben – eine Entscheidung, die ihn für alle Zeiten aus der Szene entfernt hat.

Ein Blick nur, sage ich, stellt bei Menschen wie uns immer ein Wagnis für die Beziehung dar. Wir verzeihen uns selbstverständlich gleich im Anschluß an alle Kränkungen, schließlich sitzen wir in einem Boot und haben Schwächere als wir selber zu versorgen. Das hat uns gestählt.

Auch an dem Abend waren wir völlig in der Lage, uns unserer Aufgabe zu widmen und das mit Gewinn, möchte ich meinen. Zum Schluß verabschiedeten wir uns alle herzlich.

Nur Butts hat wieder kurz vor Schluß seine Falschheit bewiesen. Als ich ihn endlich mit Erfolg gedrängelt hatte, einen Schluck aus meiner dritten Flasche Pommard zu wagen, ich sagte ausdrücklich zu wagen, heuchelte er: Unvergleichlich groß, eine echte Entdeckung, zeigen Sie mir das Etikett, ich schreibe es mir auf.

Ich hatte ihm Trollinger ins Glas getan.

Für Menschen sind Erlebnisse des Schmerzes, der Kränkung und des Verlustes sowie Enttäuschungen über nicht erfüllte Wünsche fundamentale und unausweichliche Erfahrungen. Der psychisch Gesunde verfügt über eine Anzahl von Mechanismen, um mit Kränkungen und Niederlagen umzugehen.

Am Anfang soll dabei eine möglichst unvoreingenommene Überprüfung der Realität stehen, im Grunde genommen die simple Frage: Was ist denn wirklich passiert?

Ein zweiter Blick soll dann das Ausmaß des vermeintlichen Schadens so objektiv wie möglich abschätzen. In vielen Fällen kommt es allein dadurch schon zu einer beträchtlichen Relativierung der zuerst vermuteten Katastrophe. Wenn es sich doch herausstellt, daß auch bei genauerer Betrachtung effektive Frustrationen wie Wunschversagen, Ablehnung durch andere oder Ähnliches vorliegen, wird eine Art Manöverkritik des eigenen Anteils an der entstandenen Situation vorgenommen. Daraus können Rückschlüsse für eigenes zukünftiges Verhalten gezogen werden. Wie bin ich bislang vorgegangen? War das angemessen oder lassen sich bessere Wege planen? Habe ich mir die Sache zu leicht gemacht, oder muß ich mich mehr anstrengen?

Auf die Art werden die individuellen Problemlösefertigkeiten aktiviert und ausgebaut. Diese Art des Herangehens kann auch dazu führen, daß die eigenen Ansprüche und Ziele kritisch überprüft und eventuell verändert werden. Das setzt allerdings die nötige Flexibilität der Anspruchshaltung voraus.

Dieser mehr aktionsorientierte Teil im Umgang mit

kritischen Situationen wird durch den gesunden Narzißmus ergänzt und unterstützt. Er sorgt dafür, daß wir nicht ständig und unzumutbar stark hin- und hergerissen werden in unserer Selbstwahrnehmung und bei der geringsten Schwierigkeit das Vertrauen in uns verlieren. Diese Pufferfunktion des Narzißmus haben wir ausreichend kennengelernt. Auf die Art lassen sich in unserem täglichen Leben die meisten Krisen ohne allzugroße seelische Schäden überstehen und bewältigen.

Bei zu stark ausgeprägtem Narzißmus hingegen haben wir eine innere Haltung identifiziert, die die Bezeichnung „Wehleidigkeit" zu Recht verdient. Es liegt eine übergroße Sensibilität für Kränkungen, Zurückweisungen und Frustrationen vor. Dadurch fühlt sich der Mensch aufgrund seines unstabilen Persönlichkeitssystems gänzlich in Frage gestellt, wenn die Dinge nicht wunschgemäß ablaufen, oder wenn andere ihm nicht immer mit dem gebührenden Enthusiasmus begegnen. Auch der narzißtische Mensch muß dann versuchen, mit der Situation zurechtzukommen, aber sein Krisenmanagement sieht anders aus.

Ich habe als Überschrift dieses Abschnittes und damit als Charakterisierung eines weiteren Anteils alltäglicher narzißtischer Reaktionen den Ausdruck „Eleganzlosigkeit" gewählt. Das mag überraschen oder unangemessen erscheinen, läßt das Wort Eleganz doch eher an Frühjahrskollektionen in der Modewelt oder, meinetwegen, an das Getippele von Lipizzanern in der Wiener Hofreitschule denken. Aber ich finde, auch menschliche Reaktionen können unter diesem Aspekt charakterisiert und differenziert werden.

Es gibt eine Art, mit sich selbst umzugehen und auch mit anderen, die eine gewisse Mitte nie ganz verläßt. Auch bei den größten Erfolgen und Triumphen kann die Bereitschaft, auch die Leistung anderer anzuerkennen und eine Portion Selbstbescheidung in bezug auf die eigene Größe noch eine Rolle spielen. Damit ist nicht falsche Bescheidenheit oder fishing for compliments gemeint, sondern eine gewisse Anständigkeit und Zurückhaltung als bestes Mittel gegen Prahlerei nach außen und Größenwahn nach innen.

„Ich bin doch kein Künstler! Was für eine lächerliche Idee, sich für einen Künstler zu halten", schrieb Vincent van Gogh an seinen Bruder Theo. In Berliner Restaurationsbetrieben treffe ich jeden Abend auf Dutzende von Künstlern. Sie sind meist daran zu erkennen, daß ihnen antiquarisch erstandene Druckfahnen ständig vom Tisch fallen, daß sie selbstvergessen plötzlich eine Farbtube statt der üblichen Rothändle anzünden oder daran, daß sie einen riesigen Kasten mit sich herumschleppen, um anzuzeigen, daß sie den Solobassisten des Hellersdorfer Taxifahrerorchesters bei einer Datscharenovierungsfeier vertreten durften.

Fügt sich die Welt einigermaßen dem narzißtischen Anspruch, so wird er sich voll ausbreiten und seine Triumphe bis aufs letzte auskosten, ohne Rücksicht auf Verluste, vor allem bei anderen.

Im Unglücksfall wird der narzißtische Überlebenskünstler durch viele Winkelzüge versuchen, davonzukommen. Gelingt das nicht mehr, verfällt er in eine emotionale Maßlosigkeit sich selber und anderen gegenüber, die undifferenziert, unfruchtbar und destruktiv ist, vor allem was die Beziehung zu anderen anbelangt.

Als eleganzlos würde ich solche Reaktionen bezeichnen, die einen minimalen Grad an Differenziertheit nicht mehr aufweisen, die der Auseinandersetzung mit der Realität ganz ausweichen oder dieses auf eine brutale, ja primitive Art versuchen. In diesem Sinne sind narzißtische Menschen in höchstem Maß von Eleganzlosigkeit gekennzeichnet. Sehen wir uns einige Beispiele an.

„Das Bild ist wirkungsvoller als die Bibel, mein Leitsatz", sagt Sascha. Vom Patriarchen Nikephoros. Kennst du Nikephoros? Ich kannte ihn nicht, und Sascha begann zu erzählen. Er war wirklich sehr gebildet, und Ikonenmalerei war seine Leidenschaft. Besonders die Werke aus der Zeit der Paläologen begeisterten ihn sehr. Er konnte sich stundenlang zum Beispiel über die „Wladimirskaja" auslassen, die seine Familie eine Zeitlang besessen haben soll, bevor das Bild nach Kiew und später nach Wladimir kam. Sie sei seiner Familie, einer uralten russischen Adelsfamilie, abhanden gekommen, durch finstere Ränke, wie sie damals inmitten des russischen Hochadels gang und gäbe gewesen seien. Sascha begann, von den Farbnuancen des dunkelkirschroten Metaphorions zu schwärmen, das die Gottesmutter umgab.

Man hätte ihm stundenlang zuhören können, und ich dachte, der Abend würde lang werden. Doch Sascha kam an dem Tag ungewöhnlich schnell zum Abschluß. Er erinnerte mich nur noch eindringlich daran, daß die damaligen Künstler eine Wiedergabe des Darzustellenden gemäß der platonischen Idee angestrebt hätten und während der ganzen Arbeitszeit beteten und fasteten. Dann verabschiedete er sich, weil er an dem Abend noch ein Geschäft tätigen müsse.

Sascha wußte nicht nur alles über Ikonen, sondern er handelte auch damit. Um der Wahrheit die Ehre zu geben, er handelte eigentlich mehr mit der platonischen Idee von Ikonen, denn mehrer Kunstkenner verfolgten ihn quer durch Berlin. Sie hatten ihm Vorschüsse gezahlt für besonders kostbare Stücke, die er angeblich „an der Hand" hatte, die sich aber nie derart substanzifizierten, daß man sie in Empfang hätte nehmen können. Die Kunstliebhaber, die von Sascha für würdig befunden worden waren, wußten sehr wohl, daß die Darstellungen der Paläologenperiode besonders stark entmaterialisiert und vergeistigt erschienen, aber trotzdem wurde es ihnen auf die Dauer zuviel oder genauer gesagt, zu wenig.

Nun wäre keiner so schnell auf den Gedanken gekommen, Sascha sei ein Betrüger. Dagegen sprach so vieles, daß man diesen Gedanken, sobald er auftauchte, mit einem deutlichen schlechten Gewissen in die Katakomben der tabuisierten Vorstellungen zurückverbannte. Da war einmal sein imponierender Sachverstand, seine untadeligen Manieren, der Charme, mit dem er den Damen die Hand küßte (korrekt, zwei Zentimeter über der Handoberfläche) und der exzellente Champagner, mit dem er alle erfrischte, sobald wieder eine platonische Idee in einem Sammlergehirn etabliert worden war. Vor allem sprach seine Herkunft dagegen, die Familie, im Hintergrund zwar, aber reichverzweigt und geheimnisvoll, jede Rumpelkammer mit Kostbarkeiten ausgestattet und seit neuestem, wie die Eingeweihtesten sich zuflüsterten, ganz groß im Münz- und im Briefmarkengeschäft.

Sascha trug in der Seitentasche des Gilets seines grauen Tweedanzuges immer eine schwere Goldmünze bei sich, die er bei passender Gelegenheit hervorholte und aufblitzen ließ. Er murmelte etwas wie

„truhenweise". Das machte Effekt und beruhigte die Gemüter.

An wen sollte man sich halten in dieser Stadt, wenn nicht an ihn, um vielleicht das Geschäft seines Lebens zu machen. Sascha war oft, und versuchte das nicht zu verbergen, vorübergehend nicht flüssig. Man half dann gerne aus, vorübergehend, und wenn er dann fast mit Tränen in den Augen sagte: Ich bin dir etwas schuldig, Teuerster, so dachte man nicht an die popeligen drei Tausender, sondern an karminrote und vor Gold strotzende Pantokrator-Bildnisse, die seine Großzügigkeit für ein Butterbrot vermitteln würde.

Sascha konnte einen auch nachts um halb drei anrufen und einfach sagen: Schön, daß es dich gibt, und ich liebe dich. Niemand verstand das falsch, weder seine Freundin noch die so Ausgezeichneten. Er war einfach so, und solche Menschen gibt es nicht viele.

Er trank sehr viel, wenn er flüssig war, selbstredend, oder die, die gerade bei ihm waren. Er kannte auch noch einige andere Mittel, die seine angeborene Beredsamkeit aufs Trefflichste ergänzten.

Die, die ihm das verschafften, hielten ab einer gewissen Summe nicht mehr still und waren auch durch die aufblitzende Goldmünze nur bedingt zu beeindrucken. So kam er echt in Bedrängnis. Doch Sascha vertraute weiter seinem guten Stern.

Der Druck, genährt durch immer mehr Zuwendungen, wurde größer und nahm rauhe Formen an. Das konnte er überhaupt nicht verstehen. War das seine Welt, ein solch vulgäres Gehabe? Er wandte sich empört ab und wurde eines Abends schwer und schmerzhaft verwarnt. Nun fand er sich gar nicht mehr zurecht.

„Manchmal kommt es mir so vor, als ob die Dinge

nicht wirklich wären." oder: „Ich erlebe mich öfter wie eine fremde Person", klagte er, aber er änderte nichts an seinem Leben. Noch war er in der Lage, diesen Gefühlen einigermaßen auszuweichen. Dann aber fühlte er sich immer leerer und empfand seinen Körper wie einen Automaten.

Plötzlich brach die Angst mit einer unvorstellbaren Brutalität aus, und er hatte ihr nichts entgegenzusetzen. Mit seinen letzten Groschen floh er aus Berlin und suchte einen Onkel in Brüssel auf. Dort brach er erst einmal zusammen und verbrachte viele Wochen in einer Klinik. Niemand wußte weshalb. Einigermaßen hergestellt, erzählte er einiges, und die Familie beschloß, die Peiniger so abzufinden, daß die ärgsten Gefahren abgewendet werden konnten.

Den Bösen entronnen und bei den Guten einigermaßen rehabilitiert, faßte er langsam wieder Fuß. Er nahm für kurze Zeit sogar eine Stellung an, im Kunstbetrieb zwar, aber schmerzlich unter seinem Niveau. Das hielt er nicht aus.

Für Sascha waren Bilder immer noch wichtiger als die Bibel. Und so kann man ihn wieder sehen, zur Mittagszeit, doch nur in Lokalen, wo keine Jungen Wilden die Luft oder die Wände verpesten. Der alte Herr Speyer grüßt ihn noch immer freundlich, doch wenn Sascha ihn beiseite nehmen will, fällt ihm manch Unerledigtes ein.

Sascha hat nie „nie mehr" gesagt. Das zeugt von Stil. Er hat Zeit, seine Stunde kommt. Dafür verbürgen sich sein guter Stern, der heilige Basileos II., Bulgaroktonos, seit jeher ein Förderer der Familie, ja, und dann Plato, vergessen wir den nicht.

Meine Scampi, aber aus der Hüfte! Und eine halbe San Pellegrino, Mafioso.

Dr. Pratt hatte es wieder einmal eilig.

Aus üfft, presto, subito, Dottore, der Kellner lachte zum 60igsten Mal herzhaft über den Witz, der besonders deshalb so gelungen erschien, weil Dr. Pratt zu allem Überfluß auch noch Orthopäde war.

„Aus ihren Hüftchen besonders gerne, Bella, amore mio." Die Serviererin, schönes sardisches Profil, tiefliegende schwarze Augen, todtraurig, war diesmal davongekommen. Sie fing jedesmal an, hektisch Gläser zu wischen, wenn der Dottore nahte. An diesem Tag war der Kellner dran: „Was machen bambini? Zu viele bambini, wir molto pagare Kindergeld."

Der Doktor konnte sehr leutselig sein. Jedem das seine, sagte er sich und war ganz stolz darauf, wie gut er sich mit kleinen Leuten verstand.

Auch in seiner Praxis, die um die Ecke lag, konnte er gut mit den Leuten umgehen, Hilfspersonal wie Patienten. Er regierte wie ein Potentat. Seine Mitarbeiterinnen suchte er nach strengen Maßstäben aus. Sie sind mein Aushängeschild, meinte er, und müssen was hergeben. Mal sehen, was Sie hergeben. Damit begann er jedes Einstellungsgespräch. Dann kam eine längere Interrogation und Begutachtung, bei der die Länge und die Eleganz der Beine eine zentrale Rolle spielten. Dr. Pratt war ein gutaussehender, stattlicher Mann, der ästhetische Gesichtspunkte als integralen Bestandteil seiner Berufsauffassung ansah.

Einmal ließ er eine Bewerberin in der Tür stehen und herrschte sie an: „Ist Ihnen die Prattsche Z-Z-Regel unbekannt?" Die verschüchterte Dame, die krampfhaft ihre Zeugnisse vor den Leib hielt, wurde aufgeklärt:

Zwerge zwecklos. Dr. Pratt brüllte vor Lachen hinter dem Schreibtisch und schaute dabei immer wieder zu der fest zum Stamm gehörenden Einmeterneunzig-Walküre auf, die neben ihm stand und dezent mit den Schultern mitlachte.

Dr. Pratt war ein guter Arzt, kompetent, genau und geschickt. Er hatte eine Vorliebe für schwierige und schwierigste Fälle. Er betrachtete sie als persönliche Herausforderung. „Das ist was für den Pratt", stellte er genüßlich fest, wenn sich ein solcher Befund ergab. „Ihr Becken, das ist was für den Pratt", sagte er Patienten. „Das macht der Pratt oder es wird Knochenmehl draus." Derart vor die Wahl gestellt, entschied man sich oft für ihn, und das verband sehr miteinander.

Wenn Pratt vor Praxisbeginn den Stapel der Krankenakten des jeweiligen Tages durchblätterte, sah er im Geiste eine lange Reihe orthopädisch mehr oder weniger lädierter Figuren, die alle quer durch die Stadt unterwegs waren zu ihm, ein sternenförmiges Muster auf einem riesigen, imaginären Stadtplan bildend, in dessen Zentrum er und nur er sich befand.

In dem Moment, in dem sie vor ihm standen, wurden sie einer fachlich korrekten und menschlich nicht verweichlichenden Behandlung unterzogen.

Ich rede immer Fraktur mit ihnen, erklärte Pratt oft seinen Bekannten und schüttelte sich dabei. Wollte man weiter zum inneren Kreis dazugehören, mußte man sich bei einem solchen Witz – Sie verstehen, er redet Fraktur, er, der Orthopäde – man mußte sich, wie gesagt, zumindest vor Vergnügen verschlucken oder am besten gleich vom Stuhl fallen, ohne Fraktur allerdings, denn er unterschied streng zwischen Beruflichem und Privatem.

Einmal hatte er wieder Fraktur geredet mit einer älteren Dame, die mit ihrem Sohn gekommen war. „Sie haben aber eine niedrige Temperatur", stellte er fest und fügte hinzu, „aber Gefrierfleisch hält sich vielleicht noch ein Weilchen". Die alte Dame war den Tränen nahe, und der Sohn schaute betreten drein. Pratt war auch die Zusatzbezeichnung „Psychotherapie" von der Ärztekammer verliehen worden, weil er einen Bruder in Lindau hatte, früher Mekka der Psychotherapeuten, der ihm zweimal die Programme einschlägiger Zusammenrottungen geschickt hatte. Pratt also stellte lakonisch fest: Ich diagnostiziere einen negativen Affekt. Ich weiß nicht, wo er herkommt, aber ich diagnostiziere ihn ganz einwandfrei.

Aber er konnte auch anders sein. Der Chef ist erschöpft, hieß es dann beim Röntgenballett, und die Patienten merkten schon am Empfang, daß ein rauher Wind wehte. Die Familie richtete sich auf Überwintern ein.

Ich fühle mich manchmal wie ein Kartenhaus, das jederzeit in sich zusammenfallen kann, hatte Pratt einmal einem Kollegen gegenüber geäußert, zu dem er ein etwas näheres Verhältnis unterhielt.

Anlaß für Krisen, bei denen Pratt in der Tat sich in sich zusammensacken fühlte, gab es viele. Sie mußten nicht einmal besonders gravierend sein.

Sie ist meine große Liebe, pflegte er über seine Arbeit zu sagen. Aber einmal, als die kassenärztliche Vereinigung den Punktwert einiger orthopädischer Leistungen für seine Begriffe ungerechtfertigterweise vermindert hatte, entwickelte er innerhalb einer Woche eine wahre Existenzkrise. Nicht daß der finanzielle Verlust ihn ernsthaft in Schwierigkeiten gebracht hätte, er war in Wirklichkeit sogar recht bedeutungslos. Aber Pratt fühlte sich herumgestoßen und mißachtet. Er empfand seine Tätigkeit plötzlich als unnütz („sie kratzen ja eh ab, was solls"), als entwürdigend („irgendwelchen Typen ständig am Gerippe herumfummeln") und sah sein Leben nur noch als unzumutbare Fron. Die besorgten Blicke seiner Helferinnen deutete er als schadenfrohes Gegrinse subalterner Parasiten, die es sich von den Früchten seiner Arbeit gutgehen ließen und dabei nur das Gehopse im Kopf hatten, das irgendwelche Jungspunte sie am Abend würden vorführen lassen. Patienten waren so etwas wie Intimfeinde geworden: Sie saugten ihn aus, kapierten nichts von dem, was er sich abrackerte ihnen beizubringen, und rochen auf eine Art nach Mensch, die ihn fast zur Übelkeit reizte.

Er zog sich immer mehr zurück, schloß sich in der Mittagspause in sein Ordinationszimmer ein, statt zum Italiener zu gehen. Allein der Gedanke, mit jemandem ein seichtes Geplauder führen zu müssen oder nur sich anschauen zu lassen, wenn es denn unbedingt sein mußte, ließ ihn spät nach allen anderen die Praxis verlassen.

Zu Hause rückte er seiner Frau und seinen zwei Töchtern auf eine Art nahe, die mit vielen Verpflichtungen für sie verbunden war. Dabei wechselten sich ein ungewöhnliches Bedürfnis nach Zuneigung und eine überkritische Haltung dem ganzen Familiebetrieb gegenüber in rascher Folge ab. Seiner Frau gegenüber klagte er ausführlich sein Leid, und sie mußte ihn streicheln wie einen kleinen Jungen. Er entschuldigte sich immer wieder dafür, daß er sie oft vernachlässigt habe wegen seiner überdurchschnittlichen beruflichen Inanspruchnahme. Sie mußte immer wieder versichern: Ich weiß ja, du tust es für uns. Doch die sein ganzes Wesen durchdringende Angst und Traurigkeit vermochte dies kaum zu mildern. Am Wochenende wollte er die Familie möglichst den ganzen Tag um sich haben und zeigte dabei Anklammerungstendenzen, die allen Angst machten.

Dann zeigte er wieder eine Gereiztheit, die weit über seine schon allen geläufige Ungeduld hinausging. Er nahm einen schon mehrere Tage herumliegenden Kaschmirpullover der Töchter zum Anlaß, sich maßlos zu beschweren über verschwenderische Sitten, die sich eingeschlichen hätten. Dann wollte er plötzlich „die Haushaltsbücher einsehen", und als seine Frau erstaunt, wenn auch verängstigt, bekannte, daß seit Jahren keine mehr geführt würden, schrie er stundenlang herum und drohte damit, alles hinzuschmeißen. Auf die Art erführen sie, was es heißt, für sich selber zu sorgen.

Am Sonntag sperrte er sich in sein Arbeitszimmer ein, verweigerte die Nahrung und hörte, auf der Couch zusammengekauert, stundenlang die Goldberg-Variationen. Am Abend setzte er sich wortlos an den Tisch, alle waren da, niemand hatte gewagt, das Haus zu verlassen. Er aß ein Stückchen trockenes Brot und sprach lange kein Wort.

Bevor er aufstand, sagte er, ich gehe schlafen, ich habe eine schwere Woche vor mir. Dann tat er allen leid, und die jüngste Tochter, sein Liebling, sagte: Ja, Papa.

Der Chef hat sich erholt, flüsterte die Walküre.

Der Zufall eines Schienbeinbruchs trieb in dieser Woche viele Menschen zu Dr. Pratt.

Lily, eine dreiunddreißigjährige Psychologin, hat sich auf die Weiterbildung von psychosozialen Fachkräften spezialisiert. Sie hat dabei eine Vorliebe für Verfahren, die durch Direktheit in der Betonung der eigenen Person und ihrer Durchschlagskraft imponieren. Sie geht zur Sache und ist dabei sehr erfolgreich.

Das erste, was ich von ihr kennenlernte, war ihre Stimme. Als ich einmal in einer sozialpädagogischen Fortbildungsstätte den Flur entlang lief, hörte ich aus einem Seminarraum, dessen Tür ostentativ offenstand (sie ließ immer die Tür offenstehen). „Unsere Botschaft gehört der ganzen Welt", hörte ich also: „Ich bin mein Steißbein, ich bin mein Steißbein." Lily hockte auf allen vieren mitten im Raum, umgeben von staunend-verschüchterten psychosozialen Fachkräften, die bei der Gelegenheit lernen sollten, in alle Teile ihres Körpers zu schlüpfen und sich positiv damit zu identifzieren. Dies geschah sicherlich zur Auflockerung des faden Gehabes, das sie bislang im Sozialamt oder in der nachgehenden Krankenfürsorge praktiziert hatten.

Durch eine Verkettung von Umständen sollte ich Lily eine Weile im Auge behalten dürfen:

Ich bin eine Frau, die Prinzipien hat und auch danach zu leben versteht, lautete einer ihrer Kernsätze über sich selbst. Es gelang mir im Laufe der Zeit, die Vielzahl ihrer Prinzipien halbwegs zu ordnen.

Da war einmal das Prinzip des ausgeschlossenen Dritten. Sie verfügte über zwei Kategorien, und nur über zwei, um Menschen einzuteilen. In die erste Kategorie paßten die hinein, die jetzt zum aktuellen Zeitpunkt oder in unmittelbarer Zukunft in irgendeiner Form nützlich sein konnten. Auf sie war das Unterprinzip der Gewinnoptimierung anzuwenden, das heißt, sie wurden erbarmungslos auf ihre Nützlichkeit hin ausgepreßt. Der Ehemann, ein reicher Geschäftsmann und Honorarkonsul dazu, hatte der Familie ein materiell sorgenfreies Leben zu erlauben. Ihren Beruf betrachtete sie als ein gut bezahltes Hobby. Zusätzlich hatte der Mann sie „auszuführen". Das Ausführen bestand darin, sie in einer zu ihrer Garderobe passenden Kleidung zu begleiten und sie in der Mitte der Gesellschaft zu etablieren. Hatte sie dann die übliche Schar männlicher Bewunderer um sich versammelt – „Sie sind so putzig, wenn sie versuchen, einem immer näher zu rücken, wie unbeholfene Bärchen" – sollte er sich in eine Ecke zurückziehen und ihretwegen den Rest des Abends über die EG-Normen für die Verpackung von Gewürznelken palavern. Der Aufbruch erfolgte auf ein diskretes Zeichen von ihr. Im Auto zeigte sie ihm dann manchmal die Telefonnummern, die man ihr an dem Abend zugesteckt hatte und ließ sich über die schon getesteten oder zu vermutenden Vorzüge der diversen Apparatehalter aus. Er fuhr dann manchmal sehr schnell.

Ihre vierjährige Tochter wurde hauptsächlich als Modell für Kinderbekleidung vorgeführt. Zog die „Süße" allzuviel Aufmerksamkeit auf sich, wußte Lily auch dem ein Ende zu bereiten. Oft erfolgte dann eine Bemerkung wie: Also die Beine, die hat sie nicht von mir. Zeig mal die Beine. Allzu kurze Röcke wird sie später nicht tragen können. Aber sie wird es überleben, nicht wahr, meine Süße.

Das Prinzip der Gewinnoptimierung stellte hohe Ansprüche an Lily. Keine Bekanntschaft, die nicht sofort auf Vorteile hin analysiert werden müßte, die sie abwerfen konnte. „Nach zwei Minuten weiß ich, ob ich gewonnen habe", sagte sie einmal. „Ach was, noch schneller. Alle sind so leicht zu durchschauen", und zog an ihrer Zigarette, als sei es die letzte.

Menschen, bei denen sie nicht gleich das Gefühl hatte, gewonnen zu haben, unterlagen dem zweiten Unterprinzip des Oberprinzips des ausgeschlossenen Dritten: der prophylaktischen Abwertung.

Niemand wird mich enttäuschen, für mich muß immer alles glattgehen, lautete die innere Rechtfertigung Lilys dazu. Versprach ein Objekt, denn um solche handelte es sich, keinen unmittelbaren Nutzen oder könnte gar Gefahr von ihm ausgehen, so wurde es einer Behandlung unterzogen, die es jeglicher Wertigkeit oder Attraktivität beraubten. Lily war Meisterin darin, die Schwachstellen anderer aufzuspüren. Es gelang Lily, sie so zu betonen und aufzubauschen, daß der so Gebrandmarkte im Nu mit einer Bedeutungslosigkeit behaftet war, von der Lily sich nur angewidert abwenden konnte. Nieten und Abschaum darf man nach Gutdünken demütigen, verletzen oder hintergehen. Ja, es ist geradezu Pflicht, dafür zu sorgen, daß die natürliche Rangordnung unter den Menschen eingehalten und gefestigt wird.

Komisch, daß man so viele Leute mit schlechten Genen unter den Psychologen trifft, bemerkte sie einmal. Die mit schlechten Genen fielen in zwei Untergruppen: Vorwiegend Männer, die sich nicht augenblicklich in den Staub geworfen hatten, nachdem sie mehr als drei Worte mit ihnen gewechselt hatte, und solche, vorwiegend Frauen, die nicht bei irgendeiner Gelegenheit gleich für alle sichtbar, vor ihrer fachlichen, weiblichen oder gesellschaftlichen Übermacht kapituliert hatten.

In der Regel halten Gene ein Leben lang. Wer bei

Lily einmal durchgefallen war, hatte keine Chance, sich in ihren Augen zu rehabilitieren. In die Kategorie der Abgewerteten gehörten selbstverständlich auch die Masse der ehemals Nützlichen, die durch allerlei Abnutzungserscheinungen diesen Status verloren hatten, ja, sie bildeten geradezu den Bodensatz. Wer nicht prophylaktisch, sondern sozusagen nach Gebrauch abgewertet werden mußte, hatte doppelt versagt: Zu den schlechten Genen, die im entscheidenden Moment durchgeschlagen waren, kam die unverzeihliche Dummheit von dem, der die Sterne gesichtet, aber dessen Netzhaut der Pracht nicht gewachsen war.

Lily war zweifelos auf den ersten Blick eine starke Frau. Woraus bezog sie ihre Stärken? Wir haben verstanden, aus den Nützlichen und aus den Wertlosen. Die Nützlichen hatten vor allem die Aufgabe zu helfen, zu erleichtern, zu fördern, zu belohnen, zu bewundern und zu bestätigen. Sie mußten dadurch einmal für einen kontinuierlich Zufluß sorgen, aus dem Lily ihre Grundstärke bezog. Lief irgendetwas schief und kamen ihr Selbstzweifel, was nicht häufig vorkam, aber doch gelegentlich, so waren sie zusätzlich in der Pflicht, sich vermehrt in den oben genannten Disziplinen anzustrengen. Lilys Anforderungen in dieser Hinsicht kannten dann kaum Grenzen, und die Latte zur weiteren Beibehaltung des Nützlichkeitsprädikats lag sehr hoch. Lily konnte einem sehr leid tun, wenn das Leben ihr wirklich einmal schwer zugesetzt hatte, und alle mußten zur Hochform auflaufen. Sie hatte eine Art: „Ich brauche dich", zu sagen, die einen schon erschüttern konnte. Dermaßen an den Rand der Existenz gedrängt, war sie besonders unwiderstehlich. Ich war gestern Nacht sehr unglücklich, flüsterte sie, und alle, die sie lieb hatten, quollen über vor Schuldgefühlen und Selbstvorwürfen, weil sie das nicht verhindert hatten.

Ich brauche niemanden, ich mache immer alles ganz allein, verkündetete Lily ein weiteres ihrer grundlegenden Prinzipien, doch in Wirklichkeit hing sie ständig am Tropf. So viel in aller Knappheit zu den Aufgaben der Nützlichen.

Die Aufgabe der Wertlosen war einfach: Sie hatten wertlos zu sein. Das reichte ihr.

Wenn man genau genug hinschaute, konnte man immer einen gewissen flehenden Ausdruck in Lilys Augen sehen. Sie war für immer an die anderen gefesselt. Jeder bewundernde Blick erzeugte in ihr einen köstlichen Schauer, nach dem sie süchtig war. Schon der Name eines Wertlosen löste in ihr Überheblichkeitsanfälle aus, auf die sie nicht verzichten konnte.

Ein brahmanisches Sprichwort sagt: Jedesmal wenn man ein neues Band knüpft, bohrt man sich wie einen Nagel ein neues Leid ins Herz. Was muß Lily gelitten haben. Es war sinnlos für sie, sich dagegen aufzulehnen. Sie mußte immer weiter machen.

Menschen sind Schrott, bekannte sie einmal. Auch die, die sie liebten und unterstützten? Wäre die Nützlichkeitsbezeugung die subtilste Form der Entwertung?

„Doch es beseelte den zärtlichen Körper die sprödeste Härte: Niemand vermochte die Schöne zu rühren." Gefiel sich Lily in ihrem Mangel an Scham anderen gegenüber? Trotz allem Trara war sie verschlossen und einsam. Ihre Empfindlichkeit ließ stets bei anderen eine ängstliche Feindseligkeit vermuten, mit der sie nur auf zwei Arten umgehen konnte. Sie degradierte sie zu Zubringern der eigenen Größe oder sie mißachtete sie als Unberührbare.

Nach beiden war sie stets geradezu auf der Jagd. „Sie schweifte durch weglose Fluren, als sie flüchtige Hirsche im Netz zu jagen versucht."

Wenn wir ihr Dasein gemein finden dürfen, dann nur, weil sie sich aus den stets sich anbietenden Möglichkeiten des Verbundenseins löste und sich zwecks Unterscheidung von Mitmenschen in ihren eigenen Grenzen einschloß. Nach außen erscheinen dann nur noch die Regungen der Selbssucht. Ihr Drama war: Sie merkte nicht, daß sie sich dadurch zur Magd aller machte.

Ich drehe jedem den Hals um, der mich nicht großartig findet, hat sie einmal versprochen. Hat sie sich deswegen das Leben genommen?

Narzißtische Krisen

Habe illudiert und illudiert und dabei mein Selbst verjuxt.
Hermann Burger

Das zentrale Symptom eines gestörten narzißtischen Systems ist das labile Selbstgefühl. Wir haben gesehen, wie es trotz, ja man kann sogar sagen wegen des grandiosen Überbaus seit jeher im narzißtischen Charakter angelegt ist. Der gesunde Mensch, der über eine stabile Persönlichkeitskonstruktion verfügt, hat eine gut gestaffelte Serie von Kompensationsmechanismen, um mit den unausweichlichen Niederlagen fertig zu werden. Narzißtische Menschen sind da viel verletzlicher. Als erste Reaktion auf Kränkungen jeglicher Art mobilisieren sie das, was sie seit jeher für ihre beste Waffe halten: ihr phantasiertes grandioses Selbst. Die schmerzhafte Realität wird verneint und durch Phantasmen vom Gegenteil ersetzt. Kommt Jonny nicht über die ersten Sätze hinaus, dann nimmt er in der Vorstellung die Siegerehrung beim Erscheinen des Buches vorweg. Das heißt, es ist so gut wie geschrieben, und er macht sich an die Konzeption des nächsten. Der Druck auf Sascha wird immer größer. In der Phantasie bläht er seine Wichtigkeit als einzigartige, unentbehrliche und unangreifbare Figur in der Berliner Kunstszene noch einmal auf und schwebt noch höher über den Niederungen des Daseins. Lily schließlich verliebt und verspinnt sich immer mehr in die vermeintliche Überlegenheit, die sie allen anderen gegenüber auszeichnet, und genießt ihre durch Manipulation und sanfte Erpressung erzielten Erfolge um so mehr.

Doch die Wirklichkeit läßt sich auf Dauer nicht ganz zurückdrängen. Sie schlägt zurück. Die eleganzlose Art, sich ihr entledigen zu wollen, rächt sich. Wenig Flexibilität, kaum Anpassung und keine echte Problemlösestrategie, bloß Überrumpelungsversuche, das kann auf die Dauer nicht gut gehen. Dann steigern sich die Selbstzweifel und die tiefgreifende Unsicherheit, seit jeher vorhanden, aber eben übertüncht, und nagen immer mehr an den Fundamenten. Häufig damit einher geht ein sozialer Rückzug, eine zunehmende Flucht vor Menschen, abwechselnd mit ohnmächtigen Gefühlsausbrüchen wie Wut und mancherlei anderer Entgleisungen.

Das im zunehmenden Maße sich ohnmächtig fühlende Selbst kann seine Zuflucht bei sehr alten Schutzmechanismen suchen. Wenn ihre Selbstzweifel überhand nahmen, pflegte Lily einen alten Freund aufzusuchen, der normalerweise in ihrem Leben, wenn der narzißtische Zirkus voll griff, keine große Rolle spielte. Bei ihm konnte sie dann ihre Phantasien von konfliktfreier, zwischenmenschlicher Nähe und bedingungslosem Vertrauen freien Lauf lassen. Sie legte dann etwas an den Tag, was man in der psychoanalytischen Literatur „nach Verschmelzung hungernde Persönlichkeit" genannt hat. Genau das Gegenteil ihrer üblichen Haltung Menschen gegenüber. Dasselbe Phänomen konnten wir am Wochenende bei Pratt beobachten. Ein anderer Mechanismus, der parallel dazu ablaufen kann, ist eine tiefgreifende Regression, wie das sich Anklammern an Objekte oder Vorstellungen, die in der Kindheit sehr beliebt waren. Lily kramte ihre Puppen hervor und fing, an sie zu pflegen, wie sie es als kleines Mädchen getan hatte. Pratt hörte ständig Bach, verlor sich in alten Jugendträumen, die seinen Wunsch betrafen, Musiker oder genauer gesagt, Dirigent zu werden. Sie wechselten sich ab mit Phantasien, ganz auszusteigen aus den elenden Menschengeschäften, bei denen man sich ständig beweisen muß. Die Familie war finanziell versorgt. Er träumte davon, sich in ein Zisterzienserkloster in Burgund zurückzuziehen und sich für einige Jahre ganz der Stille, der Sammlung und der Kontemplation hinzugeben.

Das schwer defekte Selbst ringt mit sich und mit der Welt. Je nach seiner Stabilität und dem Anlaß der Krise kann es sich relativ schnell erholen, wir sahen es beim Doktor am Montag in seiner Praxis. In anderen Fällen brechen schließlich auch die letzten Dämme. Dann überschwemmen Ängste, Niedergeschlagenheit oder Verzweiflung die ganze Person. Schwere, lang andauernde Depressionen können die Folge sein, und sie sind um so gravierender, je stärker die Persönlichkeit vom Narzißmus geprägt ist. Sie reagiert dann genauso undifferenziert und pauschal in ihrer Selbstzerfleischung, wie vorher in ihrer Selbstverklärung. Sie stellt dann alles in Frage: Ihr ganzes Leben bislang war nur ein einziger Irrtum, eine gräßliche Komödie und der unwiderlegbare Beweis ihrer Nichtigkeit. Versucht sie zu ergründen, was sie dem entgegenzusetzen hätte, so verspürt sie nur Leere und Ohnmacht.

Bei einigen kommt es zur Erholung, besonders dann, wenn sie Hilfe bekommen. Dazu kommt es aber nur dann, wenn sie nicht vorher alle Menschen verprellt haben, denen etwas an ihnen lag. Meist sind sie dann nach einiger Zeit wie zuvor. Narzißtische Menschen lernen schlecht. Sie lassen dann vielleicht ihre Finger von Ikonen, aber das ist auch alles, was man von ihnen einfordern kann. Dann zaubern sie aus ihrer narzißtischen Schatztruhe etwas anderes hervor und präsentieren es anmutig oder penetrant wie eh und je einer nicht schlecht staunenden Welt. Es gab zwar ein Erdbeben, aber ich bin das Epizentrum.

Lily vermochte das nicht mehr. Sie nahm Zuflucht zum, wie ihr schien, letztmöglichen Ausweg.

Entstehung des narzißtischen Charakters

Wir wolln spazieren gehn und Drachen steigen lassen
das hat schon mancher gedacht
Aber da sitzen immer die Eltern beim Tisch
unter der heiligen Standuhr
und murmeln ihr bedrohliches
wischpetisses
wischpetissesdenn?   *Norbert Elias*

Der englische Philosoph Hobbes hat einmal gemeint, der „böse" Mensch sei nichts als ein Kind, das den Körper eines Erwachsenen bekommen hat. Das kleine Kind ist zwar in sozialer Hinsicht abhängig, das heißt allein nicht lebensfähig. Wenn man es aber an den Maßstäben, die an Erwachsene angelegt werden, messen würde, so wäre das Ergebnis geradezu ein soziales Greuel. Wie würde ein solcher Erwachsener aussehen? Er stellt hohe Ansprüche, und jeder Wunsch muß ihm gleich erfüllt werden. Er ist in höchstem Maße auf andere angewiesen, will aber nichts von dem, was er hat, abgeben. Hat er eine andere Person zur Verfügung, so will er sie ganz für sich und läßt sie überhaupt nicht mehr los. Er ist launisch, ungeduldig, heftig und ohne jede Hemmung im Ausdruck seiner Gefühle und Regungen.

Ein Kleinkind kennt also nur seine persönlichen inneren Affekte und lebt sie voll aus. Es ist nicht nur der Mittelpunkt der Welt, sondern im Grunde genommen ist es die ganze Welt. Wendet es sich nach außen, so ist sein Streben auf Dinge gerichtet, die unmittelbar greifbar sind: Dinge, die es liebt, wie die Hände der Eltern, Objekte zum Essen, zum Spielen, oder aber Dinge, die es meidet, weil sie zu heiß, zu kalt oder zu laut sind. Das Streben danach ist impulsiv, flüchtig und unüberlegt. Sie sind nur für den unmittelbaren Augenblick wichtig. Es gibt keine weiter abgesteckten Ziele. Regungen, die auf irgend jemand anderen Rücksicht nehmen würden, sind nicht vorhanden.

Welch ein weiter Weg zum Erwachsenen, wenn wir ihn für reif und gesellschaftsfähig halten wollen.

Wie geht die Verwandlung vor sich, durch die aus einem sozial unentwickelten Kleinkind ein Erwachsener wird, der zwar elementare Gefühle wie Liebe, Haß und Begierde kennt, aber auch Interessen, die über den unmittelbaren Augenblick hinausgehen, und vor allem auch Pflichten und die Fähigkeit zur Rücksichtnahme?

Alle Autoren, die sich mit diesem Thema beschäftigt haben, stimmen darin überein, daß die ersten drei bis sechs Lebensjahre von großer Bedeutung für die Konstituierung des Charakters sind. Behaupten sie übrigens darüber hinaus, danach seien keine wesentlichen Änderungen mehr möglich, übertreiben sie. Dieser Standpunkt ist eindeutig widerlegt. Ferner ergibt sich auch aus allen Untersuchungen, daß die in dieser Zeit angelegten Persönlichkeitszüge erheblich von der Beziehung abhängen, die das Kleinkind nicht nur zur Mutter, sondern zu beiden Elternteilen hat. Von anderen Erwachsenen, die auch eine wichtige Rolle spielen können, einmal abgesehen. Darüber hinaus wird aus den Forschungsergebnissen deutlich, daß die kindlichen Bedürfnisse nach Sicherheit und Anhänglichkeit von großer Wichtigkeit sind. Werden sie weitgehend erfüllt, kann man sagen, daß das Kind eine gute Chance hat, sich in Richtung sozial ausgewogener Mensch weiterzuentwickeln. Wie der amerikanische Psychologe Allport es ausgedrückt hat: Es ist frei, zu werden.

Dazu gehören eine Reihe wichtiger Entwicklungen, die sich in charakteristischen Schritten, besser gesagt Stufen, vollziehen. Immer wenn das Kind von einer Entwicklungstufe in die andere übertritt, muß es dazu in der Lage sein, die Gewohnheiten weitgehend abzulegen, die zu dieser Stufe gehörten und in einen reiferen Bereich des Werdens eintreten.

Für unser Thema sind folgende Lebensbereiche, in der sich Fortschritte vollziehen, besonders bedeutsam:

Das Kind muß seine ursprüngliche Unersättlichkeit ablegen und in einem gewissen Ausmaß die Fähigkeit zum Verzicht erlernen. Nicht alles, was es haben möchte, kann es auf der Stelle haben. Je nach Situation wird der Wunsch erfüllbar sein oder nicht. Das setzt den allmählichen Aufbau dessen voraus, was wir unter dem Begriff Frustrationstoleranz kennengelernt haben. Darüber hinaus ist es zur Erreichung vieler Ziele notwendig, Arbeit zu investieren. Arbeit ist eine zweckgebundene Tätigkeit, die nach dem zu erreichenden Produkt, im weitesten Sinne des Wortes, ausgerichtet ist. Sie setzt eine Analyse der Situation voraus, nach der die Mittel bestimmt werden, die erfolgversprechend sind. Angemessene Mittel müssen vorher erlernt worden sein, das heißt zur Verfügung stehen und können dann – nach einer Mobilisierung der inneren Kräfte – eingesetzt werden. Die Entwicklung der Fähigkeit zum gezielten Einsatz von Energie, um ein Bedürfnis zu befriedigen, stellt einen wichtigen Fortschritt im Erwachsenwerden dar. Vorbei ist der für Kinder typische Zustand, in dem einem alles geschenkt wird, oder bei dem Wunscherfüllung in der Phantasie eine große Rolle spielt. Ein weiterer Bereich, in dem Fortschritte erzielt werden müssen, betrifft das, was Alfred Adler das Gemeinschaftsgefühl genannt hat. Darunter versteht er ein Zugehörigkeitsgefühl zu anderen, das darauf basiert, daß man von ihnen einiges erwarten kann, aber auch Pflichten ihnen gegenüber hat. Damit geht es deutlich hinaus über das Nur-Besitzen-Wollen des anderen oder die Tendenz, in ihm bloß ein Instrument bei der Erfüllung eigener Wünsche zu sehen.

Alle diese Entwicklungen und noch andere führen schließlich dazu, daß das Kind in zunehmendem Maße ein Selbstgefühl ausbildet. Während alle anderen Gefühlsregungen sich auf Objekte in der Außenwelt beziehen, wird in diesem Gefühl die zentrale Instanz der Persönlichkeit, das Selbst in besonderer Weise erlebt. Es besteht also in dieser Beziehung eine doppelte Aufgabe. Zum einen muß ein Gefühl für das eigene Selbst als Zentrum aller seiner Regungen, Gedanken und Aktionen ausgebildet werden. Zum anderen muß es lernen, sich als ein Selbst unter vielen anderen zu begreifen, die auch ihr Recht fordern.

Am Anfang gilt das gesamte Interesse des kleinen Menschen sich selbst. Er liebt nur sich und kümmert sich nur um die eigene Person. Gebraucht man das Bild, nach dem der Mensch eine gewisse Menge an innerer Energie zur Verfügung hat, so muß die Verteilung der Energie halbwegs ausgewogen sein. Einen Teil muß er sozusagen weiter in sich selbst investieren. Es ist notwendig, daß er sich um sich sorgt und für sich sorgt. Dazu bedarf es einer gewissen Stabilität. Nicht jeder Mißerfolg, jede Kränkung oder der kleinste Verdacht eigenen Versagens dürfen dazu führen, daß er sich selber fallen läßt. Narzißtische Hilfsmittel, die wir als normal und gesund bezeichnet haben, stehen dabei zur Verfügung.

Auf der anderen Seite muß genügend Energie übrigbleiben, um andere Personen oder Aufgaben auszustatten. Das Interesse an der Außenwelt muß gewährleistet bleiben, auch als Fähigkeit zu lieben und echt Anteil zu nehmen.

Jemand, der dieses Werden vom Kleinkind zum Erwachsenen erfolgreich absolviert, erfüllt die Forderungen, die Freud an die seelische Gesundheit stellt: der Mensch muß genußfähig, arbeitsfähig und liebesfähig sein. Freud hat als erster darauf hingewiesen, daß der Mensch zu Beginn seines Lebens ein perfekter, kompromißloser Narziß ist. Er hat auf dieser Entwicklungsstufe auch keine andere Wahl. Nach und nach wird der Ablauf stattfinden, den ich kurz beschrieben habe.

Was wissen wir nun über die Ursachen zu starker narzißtischer Tendenzen bei Charakteren, wie ich sie geschildert habe?

Zugrunde liegt eine Störung der normalen Entwicklung, die die Überleitung des kleinkindlichen, allumfassenden Narzißmus in eine reife und angemessene Form behindert. Man kann sich diese Störungen etwa folgendermaßen vorstellen.

Die grandiose kleinkindliche Einstellung „Ich bin die ganze Welt und darf alles" wird durch frühe Frustrationen nachhaltig gestört, die etwa in einer ablehnenden oder vernachlässigenden Haltung einer oder beider Elternteile bestehen. Daraus resultiert eine „narzißtische Verwundbarkeit", die sich im Laufe des späteren Lebens als Minderwertigkeitsgefühl, Mutlosigkeit und starke Kränkbarkeit auswirkt. Ein Teil der Allmachtsphantasien wird gleichsam „eingefroren". Er macht nicht einen normalen Werdegang zu einem gesunden und realistischen Selbstwertgefühl durch, sondern bleibt neben dem gekränkten und schwachen Selbst bestehen. Später wird er immer wieder als Kompensation für Niederlagen aufblühen und zeitweilig gleichsam die ganze Persönlichkeit in seinen Dienst stellen.

Das Ergebnis ist nicht ein solides seelisches Gefüge, das Bedürfnisse hat, aber auch dafür arbeiten kann, das sich selber wichtig ist, aber auch andere respektieren und lieben kann, sondern ein angespannter, getriebener und meist unzufriedener Charakter. Er steht ständig in der Spannung, Großes erreichen zu wollen, aber mit allen Mitteln dabei Niederlagen vermeiden zu müssen.

Gestützt wird diese narzißtische Konstruktion noch zusätzlich, weil einige Äußerungen der zurückgebliebenen Größensucht des Kindes oder des Jugendlichen von Eltern gezielt gestützt und unterstützt werden. Haben sie auch das Kind, oft ohne es zu wollen, emotional vernachlässigt und gekränkt, so schmeicheln und imponieren ihnen doch etwa Schönheit, Spezialtalente und ähnliches. Meist sind es die Züge, die am auffälligsten, das heißt stark narzißtisch geprägt sind. Kleinarbeit hingegen, die zu einer stabileren Persönlichkeitsform beitragen könnte, wird leicht übersehen und nicht gefördert.

Als Sascha ein kleiner Junge war, zog die Familie, bestehend aus den Eltern, Onkel und Tante und den Großeltern, sozusagen durch Europa. Kiew, Wien, Paris, Brüssel, je nach den Forderungen der Geschäfte oder den verwandschaftlichen Bindungen. Vater und Mutter hatten sich damals schon innerlich entzweit, und jeder ging seiner Wege. Der Vater nahm sich meist neben der Residenz der Familie eine eigene Wohnung und trieb Dinge, die für niemanden so recht durchschaubar waren.

Die Mutter hingegen hatte eine recht offene Art. Ihre Liebhaber wurden offiziell in den Familienverband eingeführt, so lange sie die Gunst der Dame des Hauses genossen. Saschas Rolle in all dem war nicht einfach. Äußerlich fehlte es ihm an nichts. Meist in einen Marineanzug gekleidet wie der Zarewitsch, erregte er allein schon durch seine langen blonden Locken eine wohlwollende Aufmerksamkeit. Fing er dann auch noch an, zu Hause oder bei einer Gesellschaft Klavier zu spielen (die Tante war Konzertpianistin), Gedichte von Puschkin aufzusagen oder gar seine für ein Kind ungemein präzise ausgeführten Miniaturen herzuzeigen, so kannte die Bewunderung für ihn keine Grenzen. Durch die häufigen und in aller Herren Länder führenden Ortswechsel war er nie richtig von den Schulbehörden erfaßt und wurde bis auf kurze Ausnahmen von der Tante sowie vom Großvater unterrichtet. So kam er kaum in Kontakt zu Gleichaltrigen mit Ausnahme der Kinder einiger befreundeter Familien. Was hätte er auch mit ihnen anfangen können, Räuber und Gendarm spielen etwa oder sich gar für ihre albernen Fußballeralben interessieren? So war Sascha oft im Mittelpunkt, manchmal geradezu umschwärmt, aber immer allein.

Die Mutter, auf dem Sofa ausgestreckt und gedanklich versunken in für Sascha unerreichbare Sphären, ließ sich manchmal von ihm streicheln, sagte aber dann nach einiger Zeit, jäh und unerwartet, nun ist es genug, und verschwand.

Der Vater beschenkte ihn reich mit Büchern – über russische Kunst meist – und sagte, mach daraus keinen Beruf, das ist für die Seele. Werde Bergbauingenieur oder geh' zum Militär, dann bist du ein Mann.

So war Sascha auch in zunehmendem Alter ziemlich konzeptlos, was seine Zukunft anbelangte, und er sehnte sich nach diesem und nach jenem.

Er war immer höflich, weich und zart, auch wenn er traurig war. Wenn er sehr traurig war, las er Puschkin oder quälte Hunde, die im Überfluß die Wohnung bevölkerten. Er quälte sie nicht sehr hart und nicht allzuviel.

Einmal wurde er gebissen, und der Hund wurde ein-
geschläfert. Er hieß Alioja. Sascha hat ein Gedicht über
ihn geschrieben und beschrieb seine Augen, die nach
Gerechtigkeit flehten. Aber es gibt keine, meinte
Sascha.

Er hat keinen Beruf gelernt, wurde nicht Bergbauingenieur noch ging er zum Militär. Zu welchem auch?

Die Familie brach immer mehr auseinander und
wurde nicht reicher.

Sascha ging nach Berlin. Er hat eine Freundin gefun-
den. Er hat ein Gedicht über ihre Augen geschrieben.

Man weiß nie, wo die Gleichgültigkeit anfängt und wo
sie aufhört. Lily kam immer wieder zu ihnen, um ihnen zu sagen, daß sie nicht mehr kommen wird. Damit
und mit vielem anderen wollte sie niemanden krän-
ken. Das Gefühl, jemand gekränkt zu haben, fehlte ihr
weitgehend, obwohl sie sich ausdrücklich das Recht
darauf zugestand.

Zu grauen Mäusen, wie sie sie nannte, konnte sie
sehr direkt sein. Einmal sagte sie zu einer Kollegin: Ich
arbeite nicht mehr mit dir. Du siehst aus wie Eintopf,
dein Leben ist Eintopf. Ich habe Angst, du färbst ab und
nimmst mir meinen Zauber. Mach endlich etwas aus
dir, dann kannst du wiederkommen. Die Kollegin, die
auch noch finanziell abhängig war von der gemeinsamen Arbeit, lief schluchzend davon. Lily meinte nur,
sie hat nichts verstanden, ich wollte ihr bloß helfen.

„Ich wollte ihr bloß helfen" oder „Ich meine es ja
gut mit dir", waren Sätze, die Lily oft von ihrer Mutter
gehört hat. Den Vater hat sie nie gekannt. Die Mutter
hat ihr eine Geschichte erzählt von einem Urlaub in
Rimini und von dem Sohn eines Notars. Beide hätten

sich unsterblich geliebt, aber der Notar habe alles hintertrieben und das „deutsche Flittchen" bei ihrem letzten Besuch quasi aus der Stadt gejagt.

Vermutlich war es der Zimmerkellner oder ein Strandgigolo, meinte Lily, die nichts von romantischen Liebesgeschichten hielt und sich nicht vorstellen konnte, daß die Mutter im Dachgebälk eines notariellen Palazzos der Leidenschaft hätte frönen können.

Lily wollte nicht über ihre Kindheit reden. Man hat mich nicht gefragt, ob ich das alles hier will, ich frage die anderen auch nicht. Daran hielt sie sich.

Die beiden Frauen lebten lange zusammen in subtiler Feindschaft. Die Mutter war berufstätig und fühlte sich meist sehr einsam. Manchmal wurde ihre Stimmung sehr schlecht. Dann jammerte sie viel und beklagte sich über ihr verpfuschtes Leben. Lily, die früh gelernt hatte, sehr direkt zu sein, forderte: Sag doch endlich, daß du dich für mich aufgeopfert hast. Die Mutter verneinte stundenlang, während Lily schon längst telephonierte.

Lily, du bist so lieb zu mir, aber ich fühle mich manchmal doch einsam.

Schlaf doch mal wieder im Hotel.

Christa, ich fahre drei Wochen an die Cote d'Azur. Mit einem Bekannten.

Ach, Süße, hoffentlich wird es nicht zu anstrengend. Aber du übst ja immer schön fleißig.

Lily war eine hervorragende Schülerin. Nie hat sie sich von der Mutter bei irgendwelchen Schulaufgaben helfen lassen. Auch ihr Studium absolvierte sie so schnell es nur ging. Sie hatte sich für Psychologie entschlossen, weil sie dachte, vielleicht lerne ich noch was. Sie hatte sich getäuscht, sie wußte alles.

111

Die Mutter verdiente nicht schlecht, aber in ihrer Studienzeit arbeitete Lily als Bardame. Sie wollte keine Unterstützung. Als Bardame war sie untadelig. Ihr Auftreten war so souverän, daß kein Gast sich je getraut hätte, auch nur ihre Hand anzufassen.

Von vielen ihrer Kommilitonen und Lehrer meinte sie: Ich habe ein wenig Glanz in ihr Leben gebracht. Aber dann habe ich sie ihren Tauchsiedern und den grauen Mäusen überlassen.

Ihren Mann hatte sie kennengelernt, als sie im Rahmen eines Praktikums Interviews für eine Werbeagentur durchführte.

Auf Lilys Hochzeit bekam die Mutter einen Ohnmachtsanfall und mußte hinausgetragen werden. Lily bekam keinen Ohnmachtsanfall und blieb.

Die Depressionen der Mutter wurden schlimmer. Sie hörte auf zu arbeiten und mußte oft in eine Klinik. Lily hat sie nie bedauert oder getröstet. Auch sie trennte streng zwischen Beruflichem und Privatem.

Keiner weiß genau, warum sie sich das Leben nahm, wenn es überhaupt ein Warum gibt bei einer solchen Angelegenheit. Sie hat keinen Abschiedsbrief hinterlassen, in dem sie etwas erklärt hätte.

Narzißmus als Engpaß

Wer wird das überdauern,
welch Pack – qui sait?
Gottfried Benn

Selbstverständlich sind wir nicht alle krankhafte Narzißten, und es wäre auch unsinnig zu sagen, wir lebten in einer ausschließlich vom Narzißmus geprägten Gesellschaft. Selbstsucht, Angabe, Egoismus, Bequemlichkeit, Wehleidigkeit und psychisches Leiden, das man durch seine Art zu leben sich selbst oder anderen zufügt, gab es zu allen Zeiten. Gleichzeitig gibt es auch heute individuelle Beweggründe und gesellschaftliche Strömungen, die alles andere als narzißtisch sind. Internationale Hilfsbewegungen, bei denen Menschen, die üblicherweise schön im Trockenen sitzen, ihr Leben riskieren für andere, deren Sprache sie nicht einmal verstehen, sind gerade heutzutage zum ersten Mal weltumspannend am Werk. In die Südsee zu fahren, um sich von herangekarrten bretonischen Bauernsöhnen die Schädel einschlagen zu lassen, ist auch nicht gerade der überzeugende Beweis für Selbstsucht und Desinteresse an anderen. Viele von denen, die nicht selber fahren, zahlen zumindest dafür.

Nun mag man immer wieder behaupten, sich für andere zu engagieren sei eine der subtilsten Formen der

113

Selbstbeweihräucherung. Seht her, wie selbstlos und weitsichtig ich bin in meinen Ideen, in meinen Taten, nun schaut doch mal. Um dieses Problem haben zwei französische Moralisten des 17. Jahrhunderts, La Bruyere und Chamfort, ein Leben lang erbittert gestritten: Wenn ich jemandem etwas Gutes antue, tue ich es dann für ihn oder für mich? Der Streit ging aus wie der ewige Disput darüber, welches der beste Wein der Welt sei, Burgunder oder Bordeaux: unentschieden. Man muß von Fall zu Fall entscheiden.

Gibt es denn überhaupt Probleme in bezug auf das, was wir den alltäglichen Narzißmus genannt haben und wenn ja, welche?

Es gibt sie, meine ich, in zweierlei Hinsicht.

Einmal kann die narzißtische Umformung einiger Charaktere ein solches Ausmaß erreicht haben, daß wir von Persönlichkeitsstörungen sprechen müssen. Solche Menschen sind nach unserem heutigen Sprachgebrauch als „krank" zu bezeichnen. Das kann für die Betroffenen oder für andere schwere Probleme mit sich bringen. Darüber hinaus sind sie selber anfällig für viele „Folgeerkrankungen" und brauchen unter Umständen gezielte Hilfe. Dieses Thema wird uns noch beschäftigen.

Doch an dieser Stelle möchte ich etwas anderes ansprechen.

Beginnen wir mit einer Analogie. Die großartigste Theorie der Naturwissenschaften, die Darwinsche Evolutionslehre, ist genauso so einfach wie „wahr". Sie behauptet, daß in einem bestimmten Milieu diejenigen mit der größten Wahrscheinlichkeit am längsten überleben werden, die am besten daran angepaßt sind. Je länger sie aber leben, desto größer ist die Wahrscheinlichkeit, daß sie diejenigen Merkmale weitervererben können, die die gute Anpassung gewährleisten. Gibt es unter ihnen Individuen, die die entsprechenden Merkmale in noch höherem Maße aufweisen, so werden wiederum sie es sein, die die besten Überlebenschancen haben. Auf die Art werden die entsprechenden Eigenschaften immer ausgeprägter, und das um so mehr, je stärker der Druck ist, das heißt, die Schwierigkeiten und Hindernisse, mit denen das Lebewesen zu kämpfen hat.

Auf diese Art sind Giraffenhälse entstanden und die langen Beine von Tieren, deren Lebensbedingungen es erforderlich machen, auf freier Flur vor natürlichen Feinden davonzulaufen. Lange Beine an sich aber sind kein Vorteil. Für Maulwürfe wären sie tödlich.

Versuchen wir die Analogie auf menschliches Verhalten zu übertragen. Der Begriff Verhalten ist hier sehr weit gefaßt. Damit sind nicht nur unsere Taten gemeint, sondern auch unser Denken und Fühlen, so wie die Charaktereigenschaften, die ihnen zugrunde liegen. Ich will hier in keiner Weise behaupten, menschliches Verhalten sei ausschließlich auf Vererbung im Darwinschen Sinne zurückzuführen. Das ist nicht der Fall. Ich will auch nicht eine sozialdarwinistische Philosophie rechtfertigen. Diese versucht, Brutalität und Rücksichtslosigkeit dadurch zu legitimieren, daß sie sie zu den besten Waffen im Überlebenskampf erklärt. Das ist falsch und unmenschlich. Es geht hier wie gesagt nur um eine Analogie, und es handelt sich dabei um folgendes:

Genauso wie ein bestimmtes Lebewesen mit all seinen Eigenschaften in eine bestimmte Umgebung mehr oder weniger gut passen kann, so paßt auch eine Idee, eine Charaktereigenschaft oder eine Art zu leben mehr oder weniger gut in den Sozialkontext oder das geistige Klima, das zu einem bestimmten Zeitpunkt vorherrscht.

Nehmen wir ein einfaches Beispiel. Nachdem er 1971 von einem Bekannten eine Postkartenansicht des Deutschen Reichstags erhalten hatte, faßte der bulgarische Künstler Christo Javachev den Plan, das Gebäude mit Stoff zu verhüllen. Die Idee stieß auf einhellige Ablehnung. Drei Bundestagspräsidenten deklarierten das Projekt für unsinnig und geschmacklos. Es gelang Christo 1990, Rita Süssmuth für die Idee zu gewinnen, und am 25. Februar 1994 entschied sich der Deutsche Bundestag in namentlicher Abstimmung für die Verhüllung. Christos Anstrengungen, das Projekt realisieren zu dürfen, waren über all die Jahre die gleichen. Aber offensichtlich hatten sich die Zeiten geändert und damit das geistige Klima und die Empfindungen. Ein Gedanke, der viele Jahre nur auf Ablehnung gestoßen war, traf schließlich auf ein ausreichendes Maß von Akzeptanz, und konnte in die Tat umgesetzt werden. Man gebraucht für dieses Phänomen auch den Ausdruck: Die Zeit ist reif dafür.

Um die Analogie mit der biologischen Evolution noch einmal aufzugreifen: Das Urmeer, aus dem sich nach den Darwinschen Prinzipien alle Lebewesen herausgebildet haben, hat auf höherer Ebene eine Ergänzung. Man kann es mit dem Biologen Dankins die „Suppe" der menschlichen Kultur nennen. Aus ihr entstehen ständig Ideen, Glaubenssätze, Moden, Baustile, innere Haltungen und Trends, sich in bestimmten Situation so und nicht anders zu verhalten. Sie springen von Gehirn zu Gehirn mittels eines Lernprozesses, den

116

wir Nachahmung nennen. Diese Elemente etablieren sich also als „Denk- und Verhaltenmöglichkeiten" in vielen Köpfen und haben doch ganz unterschiedliche Schicksale. Wenn sie bestimmte günstige Eigenschaften haben, so breiten sie sich rasch aus und halten sich unter Umständen über Jahrtausende. In dem Fall kann man davon sprechen, daß sie einen großen Überlebenswert haben. Doch zurück zum Narzißmus.

Ich meine, daß narzißtisch geprägte Haltungen und Einstellungen besonders gut hineinpassen in das geistige Klima, das vorherrscht und sozusagen die Grundlage der heutigen Lebensphilosophie bildet. Ich spreche dabei nicht von Konkurrenzkämpfen im Beruf, von Werte- oder Familienverfall, von Tendenzen zu Lebensformen wie die des Singledaseins und dergleichen mehr. Es geht mir um grundsätzlichere Haltungen dem Leben gegenüber, die vielleicht einen Teil des charakterlichen Unterbaus der obengenannten Phänomene bilden. Die Haltungen, von denen ich spreche, besitzen offensichtlich einen hohen Überlebenswert, weil sie gut in den Zeitgeist und die gesellschaftlichen Sitten hineinpassen. Dadurch ist ihre Ansteckungsgefahr sehr groß, das heißt, sie breiten sich immer mehr aus. In dem Maße wie sie die herrschende Meinung oder besser gesagt, die vorherrschende innere Haltung bilden, werden konkurrierende Vorstellungen immer mehr an den Rand gedrängt, das heißt unpopulär. Schließlich haben diese Haltungen die Tendenz, sich immer mehr zuzuspitzen, weil in einer Welt der langen Beine noch längere ein Vorteil sind. Hier allerdings müßte es heißen, in einer Welt des kurzen Atems wird paradoxerweise der mit noch kürzerem Atem zuerst einmal bevorzugt.

Damit haben wir einen klassischen Kreislauf: Das Klima wählt die Haltungen aus, die wiederum verdichten entsprechend das Klima und so weiter. Welche heutigen Ideen und Haltungen scheinen mir, nach dem was wir über den alltäglichen Narzißmus wissen, besonders davon geprägt? Ich möchte sechs davon ansprechen.

Sinneinforderungsanrecht

Eines Tages suchte mich eine 35jährige Frau auf. Sie war schwer depressiv und am Rande des Suizids. Ihr Mann war vor einem Jahr bei einem Autounfall tödlich verunglückt. Sie hatte eine gute Ehe geführt, und die Trauer im Anschluß an seinen Tod war sehr tief. Sie meinte aber, endgültig in die Verzweiflung habe sie folgendes gestürzt: Sie suchte nach dem Unfall verständlicherweise Hilfe und Trost und das in kurzen Abständen bei ihrem Frauenarzt, bei einer befreundeten Psychotherapeutin und bei einem Seelsorger. Alle drei hätten ihr mit leichten Abwandlungen das gleiche vermittelt, und daher müsse es ja wohl richtig sein: Der Autounfall war selbstverständlich kein Zufall. In irgendeiner Form spürte der Mann, daß seine Zeit in diesem Leben abgelaufen war. Er war nun auf dem Weg, eine neue Existenzform aufzusuchen. Also kein großes Drama. Die entscheidende Aufgabe, die sie nun zu lösen hätte, wäre herauszufinden, welchen Sinn das alles für sie und ihre dreijährige Tochter habe.

Die Ansicht, ihr Mann habe ja zweifelsfrei den Unfall „gewählt", weil es Zeit war, in eine neue Daseinsform zu schlüpfen, verwirrte die Frau sehr: Warum gerade jetzt? Warum so früh? War er nicht glücklich mit uns?

Am meisten aber ängstigte sie die von den drei Beratern angeforderte Pflicht, darin einen Sinn sehen zu müssen, eine Botschaft herauszulösen, die sie für sich, und – was noch erschwerend hinzukam – für ihr Kind auf der Stelle umzusetzen hatte. Sie vermochte das nicht. Immer wieder tauchte der Gedanke auf: Ein Betrunkener hat doch den Unfall verschuldet. Das ist schrecklich, aber vielleicht ist das die Erklärung. Sie bekam dann jedesmal neben dem Schmerz auch noch ein schlechtes Gewissen, weil sie so oberflächlich dachte und offensichtlich der Situation nicht gewachsen war.

Ich erzählte ihr, daß eine Freundin von mir von einem herabstürzenden Balkon erschlagen worden war. Ich meinte weiter, ich sei damals auch sehr verwirrt gewesen und hätte mir die Frage gestellt: Warum gerade sie, warum gerade so? Schließlich hätte ich mich mangels weiterführender Informationen zu dem Standpunkt durchgerungen: Weil sie sich gerade zu dem Zeitpunkt unter den herunterfallenden Steinplatten befand. Meine Besucherin wirkte sehr erleichtert, stellte dann etwas ungläubig fest: „Daß Sie noch so denken können."

Noch so denken! Haben wir inzwischen ein Anrecht darauf, daß alles, was sich auf diesem Planeten ereignet, für uns einen weltübergreifenden, größeren Sinn hat, und zwar einen positiven, uns fördernden, wie für unsere Belange maßgeschneidert? Muß jede Katastrophe einen Wert haben? Hat jeder Unfall, jede Krankheit eine geheime Botschaft, die, wenn wir sie nur lesen können, eindeutig ist und positiv auslegbar allemal?

Zu dem, was der kollektive Narzißmus in dieser Hinsicht zur Verfügung stellt und zu dem, was der ganz normale anbietet, kommt eine ganz neue Dimension hinzu. Die Vorstellung, daß man bei allem, aber auch bei allem, eine Art metaphysischen Sinn einfordern kann, verbreitet sich rasant und ist dabei, kulturelles Allgemeingut zu werden.

Menschliches Bestreben, die Dinge des Lebens verstehen zu wollen, ist uralt. Das wir es partiell vermögen, stellt eine große Leistung unserer Art dar. In vielerlei Hinsicht mag es, besonders für leidende Menschen, tröstlich und hilfreich sein zu sehen, daß das, was sich ereignet, aus mehreren Perspektiven betrachtet werden kann. Bei näherem Hinsehen kann das, was auf den ersten Blick nur negativ erscheint, auch Vorteile mit sich bringen. Gedankliche oder religiöse Systeme vermögen vieles in einen größeren Zusammenhang zu stellen. Dadurch verändern sie ihre Bedeutung für uns.

Aber wir sind in dieser Beziehung dabei, sehr anspruchsvoll und sehr wehleidig zu werden. Die Fähigkeit, etwas zu ertragen, ohne es gleich als positiven Fingerzeig einer genauso übermächtigen wie wohlwollenden Instanz zu deuten, sinkt rapide.

Wer sich einmal die einschlägige Literatur in einem normalen Buchladen ansieht, muß ein ganz anderes Lebensgefühl bekommen. Rundum behütet, von tausend guten Geistern umgeben, wandelt der Mensch auf Erden. Nichts ist ihm unmöglich, ungeahnte Kräfte in ihm warten nur darauf, zum Leben erweckt zu werden. Zu immer Größerem bestimmt, auf ewig angelegt, empfängt er die großartigsten Botschaften. Sie sind herauszulesen aus dem Capuccinosatz, zieren geheimnisvolle Karten oder werden von Onkel Florian eingeflüstert. Dieser, in der neuen Welt ausnahmsweise nüchtern, lockt durch einen langen leuchtenden Tunnel – an dessen anderem Ende Kasse sechs steht.

Anspannungsintoleranz

Die letzten Strukturen des menschlichen Lebens tragen eine gewisse Labilität in sich, die vielleicht ärgerlich ist, aber nicht geleugnet werden kann. Das Sein des Daseins sei die Sorge, meinte einmal ein Philosoph, der heute nicht mehr besonders geschätzt wird.

Die Wirrungen und Verzweiflungsanfälle einzelner Seelen, ihre Fähigkeit weiterzuleben, obwohl sie mit einzelnen Anteilen ihres Lebens nicht zurecht kommen, ihre Kämpfe mit Mächten, die sie nicht zu bannen in der Lage sind, füllt die halbe Literatur. Die andere Hälfte gehört den Liebesdramen, den Familientragödien, den erbitterten lebenslangen Kämpfen zwischen Völkern, Königshäusern oder einfach zwischen dem Weber und seinen Gesellen oder dem Weber und dem Bäcker.

Diese Zeit hat etwas Stilles bekommen. Die Stunde atmet über einer Wärmeflasche. Das Leben wird zu einem Alptraum, wenn Spannungen aufzubrechen drohen, zu einem Alptraum, wenn es droht unübersichtlich zu werden. Man versucht mit einer wahren Besessenheit, alles Unklare, Eckige oder gar Spitze daraus zu verbannen. Die meisten Menschen haben sich zu der einleuchtenden Ansicht bekehrt: Das Leben hat konfliktfrei zu sein. Für sie!

Das hat Konsequenzen. Jeder denkt an sich – nur ich denk an mich? Man müßte meinen, auf dem Hintergrund dieser Einstellung flögen nur so die Fetzen. Ich sage ja nicht, daß sie nicht fliegen. Doch das Entscheidende ist: Es ist nicht mehr vorgesehen, daß sie fliegen. Fetzen fliegen gilt als Unfall, als Widergebilde in einer Welt, in der fein artig alles glatt gehen müßte.

Niemand wird mich je enttäuschen, meinte eine junge Dame, die wir kennen. Die Konsequenzen dieser Haltung sind zweifach: Um solchen Unfällen vorzubeugen, muß sie sich möglichst mächtig und unangreifbar anderen gegenüber etablieren. Und wenn es dann doch anders kommt, trennt man sich.

Der Untertitel eines Selbsthilfebuches lautet: Die Kunst, beliebt, einflußreich und mächtig zu sein. Na gut. Der Titel eines anderen von derselben Autorenschmiede mit dem sinnigen Titel: Sorge dich nicht, lebe, lautet: Die Kunst, ein von Angst und Aufregungen befreites Leben zu führen.

Ein Leben ohne Angst und Aufregung. Nicht daß es gelänge, aber als Anspruch, Ideal, heute, hier. Der Plan, ein Leben ohne Angst und Spannung führen zu wollen, erfordert auf der einen Seite eine Intensivausbildung in Rücksichtslosigkeit und im Übervorteilen des anderen. Auf der anderen Seite ist die hohe Schule der Gleichgültigkeit und der Abhauerei dafür zuständig. Gummibärchen in der Rüstung des Robocop.

Ein narzißtisches Anliegen: Mein Leben muß möglichst spannungsfrei bleiben; das wird mit einem narzißtischen Rezept angegangen. Sei der Starke, liebe nichts wirklich, und troll dich, wenn es nicht so läuft.

Ich will in keiner Weise für eine innere Stahlgewittermentalität plädieren. Aber die Sätze „Das ist dein Problem", „Ich will mich nicht aufregen" oder „Das war's, Sunnyboy", stammen nicht von Buddha, obwohl er ja heutzutage nicht gerade unpopulär ist.

Einmal mußte ich mir in einem Lokal eine Diskussion von drei oder vier Herren anhören. Sie bestand darin, daß sie sich stundenlang ihrer gegenseitigen Hochachtung versicherten, von großen Taten berichteten und dazwischen immer wieder den von allen praktizierten Abstand zu den Dingen zelebrierten. Ich setzte mich um, strategisch günstig plaziert, den Weg zur Toilette im Blickwinkel. Alle gingen nach und nach an mir vorbei, ganz in ihre Leiblichkeit vertieft. Alle hatten auf dem Weg plötzlich einen echten, ja geradezu menschlichen Ausdruck im Gesicht.

Das Prinzessin-auf-der-Erbse-Syndrom

Vor einigen Jahren klagte mir eine Dame ihr Leid. Sie ließ sich über die Belastungen der berufstätigen Ehefrau und Mutter aus und ärgerte sich über die familienvernichtenden Strukturen in ihrer Dienststelle. Was Wunder, sie war im Frauenreferat einer politischen Partei tätig. Dann erläuterte sie mir die Kommunikationsschwierigkeiten der paar Paare, die es noch gab, wenn es darum ginge, sich über die Marke des Zweitwagens zu verständigen oder über die Zusammensetzung der Mischung „antik-modern" bei der Einrichtung des Abschaltraumes. So weit konnte ich gut folgen, waren mir doch all diese Ärgernisse zumindest aus der Literatur bestens bekannt. Es folgten die traditionellen Themen Luftverschmutzung, Schulmedizin und Lebensmittelvergiftung, dagegen war an sich nichts einzuwenden. Um das Ausmaß ihrer Betroffenheit gerade bezüglich des letzten Themas deutlich zu machen, kratzte sie akribisch zwei drei Petersilienblättchen von ihrem gebackenen Camenbert ab, denen man die Herkunft aus weißrussischen Plantagen deutlich ansah. Sie ging kurz auf Schulstreß ein, die Tücken des kleinen Einmaleins und die hartnäckige Weigerung der Behörden, ein Sabbatjahr für Lehrer einzuführen. Diese letzte Ungerechtigkeit brachte sie aus der Restfassung. Sie sah kurz gen Himmel, brach dann innerlich irgendwie zusammen und verkündete mit aushauchender Stimme: In diese Welt darf man keine Kinder mehr setzen.

Ich war ihr schon längst in vergangene Zeiten entrückt. In die Bauernhütte zur Zeit des Dreißigjährigen Krieges, in der Frauen mit rußgeschwärzten Gesichtern und fiebrigen Augen ihre Kinder zur Welt brachten auf dem mit Unrat bedeckten Boden, während draußen brandschatzende Horden durch die Gegend zogen. Oder in die Schäbigkeit einer düsteren Berliner Arbeiterhinterhofwohnung um die Jahrhundertwende, in der zwischen Kohlensack und Kartoffelsack ein blasses kleines Mädchen eine Puppe, aus einem Stückchen Holz geschnitzt, an sich drückte.

Der Gießener Philosoph Odo Marquard hat den Ausdruck Prinzessinnen-auf-der-Erbse-Syndrom geprägt – es gilt auch für Prinzen – und gebraucht ihn im Zusammenhang mit dem Ausdruck einer allgemeinen Unzufriedenheit mit der heutigen Medizin.

Es scheint sich dabei aber um ein viel umfassenderes Phänomen zu handeln. Es geht um eine Haltung, deren narzißtischer Charakter mir unzweifelhaft zu sein scheint. Sie zeugt von einer bemerkenswerten Blindheit gegenüber Fortschritten. Wie sehr hat sich in den letzten Jahrhunderten die Qualität des menschlichen Lebens doch gewandelt. Ganz zu schweigen von einem Vergleich unserer Lebensbedingungen mit denen von

Völkern in anderen Regionen der Welt. Unser Verlust jeglicher Maßstäbe in dieser Beziehung wurde schon oft beklagt.

Was mir bemerkenswerter zu sein scheint, ist die Unverfrorenheit, mit der Errungenschaften und Verbesserungen ab dem Moment, ab dem sie erreicht sind, als selbstverständlich angesehen werden, so als seien sie zu allen Zeiten einklagbar gewesen und nun endlich, aber spät, erfolgt. Es sieht dann so aus, als bestünde wirklich kein Grund, ein großes Aufheben davon zu machen. Die Aufmerksamkeit konzentriert sich, wie ganz selbstverständlich, auf die echten oder vermeintlichen Übel, die übrigbleiben. In dem Moment, in dem eine Geburt in einem hygienisch einwandfreien Kreißsaal eine Alltäglichkeit ist, wird die menschenverachtende Spritztechnik der Herren Ärzte ein Thema. Ab dem Moment, in dem die Frau, um die ich jahrelang geworben habe, endlich bei mir eingezogen ist, stört mich maßlos die Art, wie sie ihre Strumpfhose gerade auf dem Sessel deponiert, der für meine tägliche Lektüre der Stoiker reserviert ist.

Was der Mensch hat, hat er zu Recht, verdienterweise und unwiederbringlich. Sein Anrecht darauf ist angeboren oder zumindest mit der Muttermilch aufgesogen.

Was er nicht, noch nicht hat, ist das Ärgernis. Und dieses Ärgernis scheint um so größer, je mehr er schon hat. Der Anspruch vieler Menschen scheint eine konstante Größe zu bilden, die sich automatisch nach oben verschiebt, völlig unabhänig vom realen Besitzstand. Die Anzahl der Erbsen bleibt konstant, wobei noch einmal unterteilt werden kann in Realerbsen, Phantomerbsen, die von gestern, und in virtuelle Erbsen, die von morgen. Auf die Art nähert sich auch das Potential unzufrieden zu sein einer konstanten Größe. Aber ahnten wir das nicht schon?

Nichtbelangbarkeit

Die narzißtische Ergänzung des Sinneinforderungsanrechtes, der Spannungsintoleranz und der Erbsenzählerei ist die Nichtbelangbarkeit. Die ersten drei Einstellungen verbieten sozusagen der Welt, mir in irgendeiner Form zu nahe zu kommen, geschweige denn, mir auf ungebührliche Art auf den Pelz zu rücken. Alles hat sich so zu fügen, daß für mich die Dinge angemessen, konfliktfrei und möglichst ohne jegliche Störung ablaufen. Nur dann kann ich mich im Gesamtkunstwerk meiner Persönlichkeit so entfalten, wie es mir zusteht. Geht alles gut, dann schwillt mir die Brust. Läuft etwas schief, dann bin ich nicht belangbar: Ich bin's nicht gewesen. Dann wird die Opferrolle hervorgekehrt, und die Vorteile der Gebrechlichkeit werden bis aufs letzte ausgekostet.

Ein Herr erklärte mir, er leide an Spielsucht. Allein schon dieser heute allgemeingebräuchliche Ausdruck ist entlarvend. Er spielte Poker um riesige Summen, nicht an Geldautomaten um Groschen, inmitten anderer Zombies. Er wollte, das gab er zu, gewinnen, und zwar Geld. Er wollte auch Macht erlangen über die anderen, die ihm nicht das Wasser reichen konnten, weder beim Spielen noch anderswo.

Spielsucht ist also in letzter Instanz die Sucht nach Geld und nach Macht. Hätte er das je zugegeben? Aber nein, er verlor ja meistens. Weshalb? Er hatte eben

Pech, erklärte er, die Karten waren gezinkt, es war Vollmond, er war nicht in Form oder hatte schlecht geschlafen.

Er verlor zuviel, aber es war eben eine Sucht. Ich richte mich zugrunde, also ist es eine Sucht oder es sind dunkle Anwandlungen der Selbstvernichtung. So geht es nicht weiter, befreien Sie mich von der Sucht. Dieser Auftrag ist annehmbar, aber er wußte auch, wie. Dunkle Mächte waren es in ihm, die gebannt werden mußten. *Er* würde ja gleich aufhören, aber die Schatten der Vergangenheit ließen es nicht zu. Ich äußerte meine Skepsis und schlug etwas anderes vor. Er, und nur er, müßte lernen, der Versuchung zu widerstehen, die Konsequenzen besser abzuwägen und seine Bedürfnisse auf andere Art und Weise zu befriedigen. Er reagierte gekränkt und entsetzt. *Er* soll was lernen? In der Kindheit traumatisiert, von der Gegenwart frustriert und vor die Zukunft plaziert, soll ausgerechnet er sich anstrengen und etwas lernen.

Wir kennen den Auftrag: Stellen Sie das ab. Er zog von dannen.

Die Haltung, die diesen Mann wie viele andere kennzeichnet, wird nicht ergiebiger dadurch, daß man erklärt, man müsse schließlich bei jedem Übel die „Ursache" bekämpfen. Das muß man sicherlich. Aber in der hier beschriebenen narzißtischen Einstellung sind „die Ursachen" gerade immer das, wogegen man selber nichts machen kann, und deswegen braucht man überhaupt nichts zu machen. Die Vergangenheit, die anderen, die Gesellschaft! Sie sind schuld, mich kann man nicht belangen. Deswegen ist das, was ich hier schreibe, auch keine Polemik gegen die Psychoanalyse und ähnliche therapeutische Verfahren, die Probleme sehr vielschichtig angehen. Auch da müssen Patienten, wollen sie erfolgreich sein, hart arbeiten, und die Übernahme von Selbstverantwortung, auch für seelische Störungen, ist eine der wichtigsten Forderungen Freuds.

Es geht hier um etwas anderes. Man degradiert sich zum unverantwortlichen seelischen Krüppel, wenn es darum geht, den eigenen Kopf aus der Schlinge zu ziehen. Eine akurate Mischung aus Anspruch, Halbherzigkeit, Wehleidigkeit und Eleganzlosigkeit machen es möglich.

Wie sehr auch diese Einstellung dabei ist, ein nicht hinterfragter Bestandteil der herrschenden Meinung zu werden, konnte ich neulich in einer herrlichen Szene im Fernsehen erleben. Anläßlich der sogenannten Hannoveraner Chaostage hat sich ein „Jugendforscher" mit den Randalierenden unterhalten. Danach präsentierte er einer erwartungsvollen Runde die Ergebnisse. Nach einigen allgemeinen Bemerkungen über Gewaltmodelle und Jugendarbeitslosigkeit, über die es nichts zu lachen gibt, kam er zum Kern. Die wichtigsten Vorschläge der Jugendlichen, denen der Forscher sich ausdrücklich anschloß: durch die Ausgabe eines warmen Essens und durch die Aufstellung öffentlicher Toiletten seitens der Behörden hätte die Situation wesentlich entschärft werden können. Alle in der Runde nickten bedeutungsvoll.

Halten Sie immer ein dampfendes Süppchen bereit, und verschließen Sie nie Ihre Toilette, dann werden Sie ein langes und ruhiges Leben haben.

Ausbreitungssucht

Karajan soll in Salzburg einmal in ein Taxi gestiegen sein und dem Fahrer den Auftrag gegeben haben: Bringen Sie mich irgendwohin, ich muß überall sein.

Diese Einstellung war bei Karajan noch dadurch zu rechtfertigen, daß kaum ein Orchester anfing zu spielen, bevor er den Saal betreten hatte, und kaum eine Gesellschaft anfing, so richtig in Schwung zu kommen, bevor er die ersten drei Gäste verprellt hatte. Viele Zeitgenossen scheinen die gleiche Selbsteinschätzung zu haben, und das ist aus ihrer Sicht nur konsequent. Das mindeste, das man von einem Mittelpunkt erwarten kann, ist, daß er gleich nah an allem dran ist. Er muß sich also überall dort einbringen, wo etwas los ist in seinem Sinne, oder wo er unentbehrlich ist, wiederum in seinem Sinne.

Da, wo der narzißtische Mensch sich heraushält, da hält er sich heraus. Das ist meist dort, wo nichts zu holen ist, oder wo Kleinklein gespielt wird. Dort wo es zur Sache geht, zu seiner Sache, dort muß er dabeisein.

Wie kann man sich ausbreiten? Man kann sich einmal räumlich ausbreiten. Direktor Leu bei der Arbeit. Die vorgetäuschte Emsigkeit, mit der er von Ort zu Ort eilt, ist in Wirklichkeit Rastlosigkeit. Dasein, sich zeigen, gesehen werden, etwas von sich hinterlassen in den Köpfen. Ein Bild, ein Wort, einen Notizzettel mit drei Strichen oder zwei Zahlen: sich in Erinnerung bringen müssen immerzu. Von Baustelle zu Baustelle, zurück zum Büro, es könnte ja was gewesen sein. Schnell nach Hause, Gott weiß warum, dann zu einem Geschäftspartner. Dort steht er herum, nichts steht an, und niemand weiß etwas mit ihm anzufangen. Arbeit nennt er das. Niemand würde ihn vermissen, wenn er nicht da wäre, manchen gilt er gar als Landplage, doch *er* würde alle vermissen. Sogar wenn er ausspannt, wie er es nennt, hat es etwas Fiebriges. Er breitet sich aus in seinen Geschäften, in seinem Besitz, bei den Menschen, deren Gehirn er unentwegt seinen Stempel aufdrückt „Ich kenne den Leu" oder „Der Leu war hier". Diese Form von Spannung mag er. Niemals kann er aus seiner Rolle heraustreten, stillstehen und sich fragen: Wer geht denn da? Wie geht er denn? Wohin geht er denn?

Man breitet sich aus, bei den anderen. Eine Prämisse dafür ist: Alles was mich betrifft, ist wichtig für dich. Ich muß Ihnen etwas erzählen, lautet oft der erste Satz. In der Tat, er muß. Das ist kein Mitteilungsdrang mehr, es ist die blanke Unfähigkeit, sich nicht ständig auszuleben. Er will Tisch 6 und erzählt sein Leben. Er kommt wegen seiner Frau und erklärt mir seine Krawatte. Auch das Privateste kann Kulturgut der Nation sein.

Man breitet sich aus, schließlich, mehr im Prinzipiellen. Die eigene Lebensphilosophie wird zur allein seligmachenden Instanz erhoben, nach der sich alles zu richten hat. Vordenker zwecklos. Was empfiehlt eine „Ethik für die Erwachsenen von morgen" mit dem prägnanten Titel: Tu, was du willst.

Hier kommt es. „Du mußt dich befreien von Befehlen und Gebräuchen, von Belohnung und Strafe, kurz von allem, was dich von außen lenken will, und du mußt diese ganze Angelegenheit aus dir selbst heraus, aus deinem Gewissen und freiem Willen entwickeln. Frag niemanden, was du mit deinem Leben anfangen sollst, frag dich selbst."

Und die Ethik der Erwachsenen von heute: erreichbar sein und jederzeit zuschlagen können.

Dafür gibt es ein Symbol, das Handy. (Wer noch nicht weiß, was das ist, hat gewonnen. Ich schenke ihr oder ihm eine Schopenhauer-Gesamtausgabe.)

Das Handy drückt der Banalität der menschlichen Existenz den Stempel des Tragischen auf. Es läutet, oder es läutet nicht. Wenn es, gut sichtbar für alle, eine Zeitlang nicht läutet, droht sein Symbolwert ins Gegenteil umzuschlagen. Es wird dann zum Indiz dafür, daß der Handyhalter nicht ständig überall vermißt wird, daß er eben nicht wichtig ist.

Das kann nur dadurch abgewendet werden, daß der andere Teil seiner Funktion in Anspruch genommen wird. Dann muß man irgendeinen Idioten anrufen, und zwar auf der Stelle.

Ein Gespräch:

Hallo, hier ist Karl-Heinz. Schön, daß du zu Hause bist.

Ich bin nicht zu Hause.

Wieso?

Weil du mich in der Firma anrufst.

Ach so, stimmt, wie gehts in der Firma?

Prächtig. Und bei dir?

Ich bin nicht in der Firma. Bei Tasty. Wichtiger Termin.

Habe gleich auch einen wichtigen Termin.

Ich hatte heute schon zwei.

Prächtig. Ich muß weiter. Erwarte gleich einen Anruf.

Dann lege ich auf. Muß sowieso. Es faxt und faxt. Bis bald.

Ich rufe wieder an.

Ich heb dann ab.

Danke. Du bist ein Freund.

Der Fachidiot, ein entmenschtes Wesen aus vergangener Zeit, war jemand, der sehr viel über sehr wenig wußte. Heute wissen viele sehr wenig über sehr viel. Das gilt auch für das Menschliche. Das Vage steht am Zenit, Virtuosität im Leeren.

Glücklicherweise gibt es Hilfsmittel, die vieles kompensieren. Man weiß sich ihrer zu bedienen, vorausgesetzt, man geht on line.

Access No: 00930226 ProQuest ABI/INFORM (R) Global Edition
Title: Power
Authors: Peters, Tom
Journal: Success (SCS) ISSN: 0745-2489
            Vol: 41 Iss: 9 Date: Nov 1994 p: 32-44
Subjects: Leadership; Recommendations; Managers; Powers; Business networking; Strategic planning; Management styles; Human resource management
Geo Places: US
Codes   2200 (Managerial skills); 9190 (United States); 6100 (Human resource planning)

Zusammenfassung:
Macht ist ein allgemeines Phänomen. Macht spielt bei jeder menschlichen Interaktion eine Rolle. Man kann sie mißbrauchen oder zum eigenen Vorteil einsetzen. Empfehlungen zum Erlangen und rechten Gebrauch der Macht:

1. Vergiß nicht, kleine Zettel zu schreiben, auf denen du dich bedankst.
2. Erinnere die Leute oft daran, wieviel Gutes ihnen angetan wurde.
3. Tu so, als würdest du jedem Glauben schenken.
4. Erwecke den Eindruck von Großzügigkeit, damit schaffst du eine Aura des Altruismus.
5. Laß die anderen die meiste oder die ganze Drecksarbeit machen.
6. Behalte die anderen in Streßperioden im Auge.
7. Erinnere dich daran: Eine kleine Gabe kann Wunder wirken.
8. Sammle kleine Vorteile.
9. Verpatze kein einziges Geschäftsessen.
10. Vergiß die kleinen Leute nicht.
11. Schaffe Glaubwürdigkeit um dich herum.
12. Stell dich bei jeder Gelegenheit dar, und mische dich nicht ein, wenn es nicht unbedingt sein muß.

Item Availability: CD-Rom

Finden Sie nicht, daß es anfängt, ganz schön eng zu werden, trotz all der vorgetäuschten Weite?

Narzißtische Ideen, Haltungen und Verhaltensweisen, narzißtische Problemdefinitionen (Wie kann ich mich in allen Köpfen etablieren?) und narzißtische Lösungen (indem ich ständig über mich rede) passen besonders gut in unser Klima. Sie haben eine große Attraktivität, weil sie einem Lebensstil entsprechen, der auf den ersten Blick verlockend erscheint: möglichst viel Erfolg bei möglichst geringem *inneren* Einsatz. Der äußere Einsatz, das Herumwirbeln, mag imponierend erscheinen, der innere hält sich sehr in Grenzen. Es wird zu viel gewollt und zu oberflächlich.

> Benn fragt solche Menschen:
> Wenn viele Herbste sich verdichten
> In deinem Blut, in deinem Sinn ...
> Was bist du dann, du Weichgestänge,
> Was hast du seelisch eingesetzt?

Der alltägliche Narzißmus, ich hoffe, das wurde deutlich, ist keine brauchbare Konstruktion. Er führt bestenfalls zu Pomp und Glamour und das bloß kurzfristig. Narzißtisch geprägte Menschen sind eben nur scheinbar kompetent, irgendwann scheitern sie irgendwo an irgendwas. Im Endeffekt scheitern sie an allem. Der Seher verspricht Narziß ein langes Leben für den Fall, daß er sich fernbleibt. Das heißt, wenn er sich menschlich auch auf etwas anderes einlassen kann als auf sich selbst. Das kann er nicht, oder zumindest nicht gut.

Ovid:
> Doch wie den Durst er zu stillen begehrt, erwächst ihm ein anderer
> Durst: beim Trinken erblickt er herrliche Schönheit; ergriffen
> Liebt er ein körperlos Schemen: was Wasser ist, hält er für Körper.
> Reglos staunt er sich an, mit unbeweglichem Antlitz.

Vom Umgang mit Narzißmus

*Darum solle man jeden Kältescheintoten, auch wenn
er seit vielen Tagen erstarrt sei, in ein kaltes Zimmer
schaffen und ihm ein Lager aus Schnee bereiten.*
Hermann Burger

Ich möchte in diesem Teil zunächst ein paar Hinweise
zum allgemeinen Umgang mit narzißtisch geprägten
Menschen geben. Dann komme ich kurz auf die Möglichkeit einer psychotherapeutischen Behandlung bei
schwer gestörten Personen zu sprechen. Abschließen
wollen wir mit einer kurzen Betrachtung eigener narzißtischer Züge.

Narzißten als Partner

Wer in seinem näherem Umfeld, in der Familie, im Beruf oder im Freundeskreis zu tun hat mit Menschen,
wie wir sie beschrieben haben, soll sich nicht zu viel
vornehmen. Hat er einen Chef wie Herrn Leu, so wird
er ihn nicht zur ausschweifenden Lust an der Bescheidenheit bekehren. Liebt er eine wie Lily, so wird er ihr
nicht die Reize des Mäusedaseins vermitteln können.
Das muß ja auch nicht sein. Menschen sollen ihre Indi-
vidualität behalten. Ein gewisses Ausmaß an Nar-

zißmus ist lebensnotwendig, und wenn es ein bißchen über das normale Maß hinausgeht, kann ja auch das seinen Reiz haben.

Aber was zuviel ist, ist zuviel. Es geht also darum, sich vor dem fremden Narzißmus besser schützen zu können. Auf der anderen Seite braucht der Partner manchmal geradezu unsere Hilfe. Man muß ihn dann vor sich selbst in Schutz nehmen.

Zum ersten Punkt. Zuerst möchte ich vor zwei Extremen warnen, die beide gleich untauglich sind. Die eine falsche Strategie besteht darin, den Narzißmus des anderen dadurch bekämpfen zu wollen, daß man versucht, ihn darin noch zu übertreffen. Nach dem Motto: Wenn ich mich noch extremer verhalte als er, dann hat er keine Chance. Stellt der Partner Forderungen, so stelle ich noch maßlosere. Reagiert er beleidigt auf jedes Wort, dann kriege ich schon Zustände, wenn er nur die Bildfläche betritt. Ein gegenseitiges Aufschaukeln löst das Problem nicht.

Der andere falsche Weg ist der bloße Appell an Einsicht, Rücksicht und an die erhoffte Fähigkeit des anderen, sich in mich hineinzuversetzen. Diese Haltung wird oft so ausgedrückt: Aber sie oder er *müssen* doch merken, wie mir zumute ist. Er oder sie können doch nicht das tun und so weiter.

Er oder sie müssen gar nichts merken, er oder sie können sehr wohl, wenn man nichts dagegen unternimmt. Vergessen wir nicht, daß der alltägliche Narzißmus eine Schutzfunktion hat, und man schützt in erster Linie sich selbst. Er beruht auch auf Defiziten sowie auf alten Gewohnheiten, und die legt man nicht einfach so ab. Die bloße Erwartung ist also untauglich.

Lilys Mann hat lange darauf gewartet, daß sie ihr

Verhalten ihm gegenüber, das manchmal geradezu einen verächtlichen Charakter hatte, ändern würde, aus Einsicht oder aus Rücksicht. Ohne Erfolg. Dann hatte er es mit Appellen versucht. Wir sind doch nun einmal verheiratet und müssen doch ... Auch das nützte nichts. Sie redete sich dann so raus, daß er am Ende jedesmal glaubte, sie sei ein Unschuldsengel.

Das eigene Gefühl ist das verläßlichste Kriterium, um zu beurteilen, daß ich etwas für mich tun muß, mag der andere die Situation so darstellen, wie er will. Das Gefühl, auch das eigene Körperempfinden, sagt einem, daß etwas nicht stimmt.

Nehmen wir ein Beispiel. Menschen schließen unentwegt untereinander das ab, was man „offizielle Verträge" nennen kann. Jonny litt unter Ängsten, die besonders dann auftraten, wenn er sich über eine bestimmte Distanz hinaus entfernte von einem „Sicherheitsort". Sein Hauptsicherheitsort war sein Zuhause. Diese Störung ist recht häufig und kann durch eine gezielte Therapie beseitigt werden. Bis er davon befreit war, hatte er mit der Ehefrau und bis zu einem gewissen Grad auch mit der Schwester folgendes abgesprochen: Begleitet mich bitte, wenn ich mich weit von zu Hause entfernen muß, dann habe ich keine Angst. Schwer genug für die Frau, aber das war abgesprochen. Ein offizieller Vertrag in unserem Sinne. Doch Jonny hatte, vielleicht nicht ganz bewußt und ohne darüber zu sprechen, noch einen anderen Vertrag geschlossen. Nennen wir ihn einen „inoffiziellen Vertrag". Wenn ich mich nur ein wenig allein, ängstlich oder verzagt fühle, dann bleibe bei mir. Er hat es nie so in Worten ausgedrückt, aber er zeigte es in seinem Verhalten. Wollte die Frau die Wohnung verlassen, dann mußte sie genau angeben, wohin sie ging. Sie mußte versprechen, längstens eine halbe Stunde wegzubleiben. Oft hinderte er sie ganz daran. Wie? Machte sie Anstalten zu gehen, so wurde er unruhig. Er fing an, darüber zu sprechen, daß er sich heute gar nicht wohl fühlen würde. Er nahm sie dann sogar in den Arm und sagte ihr, wie sehr er sie brauche. Er tat ihr dann meistens leid, und sie verzichtete. Das ging so weit, daß sie sich kaum noch außer Haus traute.

Narzißtische Menschen sind Meister im Einschmuggeln inoffizieller Verträge in ihre Beziehungen. Der Punkt dabei ist, daß der, der sie ohne Wissen des anderen abgeschlossen hat, glaubt, ein Anrecht auf das zu haben, was er darin festgelegt hat. Jonny wurde geradezu wütend, wenn seine Frau die Wohnung verlassen wollte, und sie wußte am Anfang nicht warum.

Pratt hat einen inoffiziellen Vertrag mit seinen Mitarbeiterinnen: Ihr seid nur dann für mich in Ordnung, wenn ihr euch nie beklagt, immer gut gelaunt seid und mich anstrahlt.

Sascha forderte: Fragt mich ständig, ob ich etwas brauche, und helft mir auf der Stelle.

Ich kann nur empfehlen, nach solchen vermeintlichen Übereinkünften zu suchen, wenn man sich im Ungang mit jemandem unwohl fühlt. Fast immer steckt so etwas dahinter. Zum Verhalten des anderen mir gegenüber kommt dann ein weiteres Ärgernis. Das ist die Selbstverständlichkeit, mit der er sich so benimmt. Und die ist auf keinen Fall hinzunehmen.

An dieser Stelle muß dem Anspruch des anderen entschieden entgegengetreten werden, hat er mich doch fest zu seinem Vorteil verplant. Man rechne nicht mit Beifall, wenn man das macht, und nicht einmal mit

Einsicht. Aber nur dadurch, daß ich mich klar und eindeutig verhalte, kann ich beim anderen eine Änderung bewirken.

„Was willst du wirklich von mir?" mußte Jonnys Frau zu fragen lernen, wenn seine diffuse Anspruchshaltung über der Szene schwebte. Für den Fall, daß er genauer werden mußte und sein Wunsch nicht Bestandteil eines offiziellen Vertrages war, hatte sie gelernt, nein zu sagen, aber unmißverständlich. Die beste Art, es zu tun, ist eine Vorgehensweise, die man „Platte mit Sprung" nennen kann. Man erklärt einmal, warum man etwas nicht macht und wiederholt dann immer wieder nur die Weigerung. Man rechtfertigt sich nicht jedesmal erneut dafür, und es werden keine endlosen Erklärungen abgegeben. „Nein, ich sage dir nicht auf die Minute, wann ich wieder hier bin." „Nein ..."

Das ist nicht unmenschlich, sondern konsequent. Nur so kann der andere lernen, daß er kein Junker auf seiner Burg ist und bloß Leibeigene um sich herumgeschart hat.

Konfrontationen sind im Umgang mit narzißtischen Menschen oft unvermeidlich. Sie sollten nie so geführt werden, daß ein Nachgeben seitens des anderen zwangläufig mit einem totalen Gesichtsverlust verbunden ist. Dann wird es ein Kampf bis aufs Messer, oder der Partner kapituliert schließlich und bricht dann auf irgendeine Art zusammen. Würde Jonnys Frau sagen: Du hast überhaupt kein Recht, über mich zu bestimmen. Sei ein Mann und laß mich in Ruh. Was würde dann wohl passieren? Denn vergessen wir nicht, was hinter der narzißtischen Großspurigkeit steckt. Unsicherheit, Angst und eine panische Furcht vor Niederlagen.

Das bringt uns zum zweiten Punkt, den Umgang mit narzißtischen Menschen betreffend. Sie brauchen unsere Unterstützung, wenn uns etwas an ihnen liegt. Unterstützung natürlich nicht in ihrer Großmannssucht und Maßlosigkeit. Beim Werdegang der narzißtischen Persönlichkeit habe ich bemerkt, daß schon bei Kindern die produktive Arbeit, die dazu angetan ist, die Persönlichkeit zu stabilisieren, oft übersehen und nicht gefördert wird. Haben wir es mit Erwachsenen zu tun, kann das teilweise, wenn auch mühsam, gutgemacht werden. Jeder Mensch zeigt gute Ansätze und hat lichte Momente. Wenn wir ihn systematisch dann unterstützen und ihm dafür Anerkennung geben, vermag er dazuzulernen und sogar umzulernen.

Oft soll man auch die versteckte Botschaft, die hinter narzißtischem Gehabe stecken kann, richtig deuten lernen. Wenn jemand sagt, ich mache keine Kompromisse, du mußt „ja" sagen oder gehen, so kann das eine vielschichtige Aussage sein. Zusammen mit einem Patienten haben wir diesen Satz einmal folgendermaßen übersetzt: Wenn ich mich auf eine Diskussion mit dir einlasse, habe ich die schlechteren Karten. Ich kann nicht gut diskutieren. Ich muß dann eine Sache unter vielen Blickwinkeln betrachten, und darin bin ich nicht geübt. Ich will auch nicht zum Nachdenken kommen. Also versuche ich es wieder auf meine Art. Damit hatte ich meist Erfolg. Ganz wohl ist mir nicht dabei, aber was soll's.

Hat man den Verdacht, daß so etwas vor sich geht, weil man den Menschen gut kennt und anfängt, seine Art zu durchschauen, so sollte man auf die Botschaft reagieren und nicht auf den verletzenden Wortlaut. Dabei erlebt man oft kleine Wunder.

Narzißtisches Verhalten wirkt oft belustigend, ab einem gewissen Grad abstoßend. Man muß sich dann schützen. Manchmal ist der einzig mögliche Schutz die Flucht. Narzißmus ist nicht unveränderbar. Doch dazu bedarf es dessen, was der Narzißt am wenigsten vorlebt und am meisten braucht – einer guten menschlichen Anteilnahme. Nur das ist, wie gesagt, keine einfache Aufgabe, besonders auf dem Hintergrund der vielen Kleinkriege, die schon vorausgegangen sind.

Doch es kann gelingen.

Aristoteles meint, Freunde müssen ein Scheffel Salz miteinander gegessen haben.

So viel muß es ja nicht sein. Und dann zusammen ab in den Roten Ochsen, ohne Butts allerdings.

Psychotherapie bei narzißtischen Störungen

Menschen mit narzißtisch geprägten Charakteren suchen fast nie deswegen einen Therapeuten auf. Gerade die Eigenarten ihrer Persönlichkeitsorganisation lassen sie lange Zeit die darin angelegte Spannung verdrängen. Es sieht dann so aus, als lebten sie im Einklang mit sich selbst. Treten größere Schwierigkeiten auf, so werden diese zuerst auf äußere Faktoren geschoben; die anderen sind schuld oder die Umstände. Lediglich dann, wenn die Diskrepanz zwischen dem narzißtischen Anspruch und der Realität zu groß wird, kommt es zu einer gravierenden inneren Krise. Der Partner, der fest in das Selbstbestätigungssystem eingeplant war, beginnt zu rebellieren, ändert sein Verhalten, fängt selbst an, Forderungen zu stellen, äußert Trennungsabsichten oder vollzieht sie gar. Die berufliche Situation entwickelt sich in eine negative Richtung und erfüllt nicht mehr die großangelegten Wünsche. Oder aber eine Folge von Kränkungen erschüttert immer mehr das grandiose Selbstbild, und die Zweifel lassen sich nicht länger beiseite schieben. Die Folge solcher Schwierigkeiten kann eine zunehmende Stimmungsverschlechterung mit immer größerer Lustlosigkeit für die Absolvierung des Alltags sein. In anderen Fällen kommt es zu einem schwerwiegenden depressiven Zusammenbruch mit dem totalen Kollaps des Selbstwertgefühls und völliger Hoffnungslosigkeit bis hin zur Suizidalität. Es gibt aber auch noch andere Gründe, die zu einem Therapeutenbesuch führen können. Druck seitens anderer Personen, psychosomatische Beschwerden, Krankheitsängste und Alkohol- oder Medikamentenabhängigkeit.

Man kann mit Sicherheit davon ausgehen, daß der narzißtische Charakter und der daraus resultierende Lebensstil bei der Entstehung dieser Störungen beteiligt sind, aber das sieht der Betroffene am Anfang nicht so. Er will die obengenannten Schwierigkeiten behandelt wissen und nichts anderes. Gleichzeitig verlangt er oft, daß seine Umwelt zurechtgerückt werden müsse, wir haben es erlebt.

Aus dieser Einstellung des Patienten ergibt sich die Struktur einer psychotherapeutischen Behandlung. Der Ansatz, den ich vertrete, ist die Verhaltenstherapie. Aber auch andere Therapierichtungen wie die Psychoanalyse haben sich mit narzißtischen Störungen befaßt.

Die Therapie muß eine doppelte Zielsetzung verfolgen. Einmal muß sie die Störungen (wie Depression, Abhängigkeit und so weiter) behandeln, die für den Patienten im Vordergrund stehen und ihn erst dazu bewogen haben, Hilfe aufzusuchen. Diesen Teil wollen wir hier ausklammern.

Der andere Abschnitt ist wesentlich schwieriger. Die Absicht dabei ist noch relativ einfach zu formulieren. Vorsichtig und allmählich soll beim Patienten die Einsicht geweckt werden, daß es narzißtische Züge und Verhaltensweisen sind, die ihn für allerhand andere sekundäre Probleme anfällig machen. Zweitens soll er verstehen, daß die narzißtischen Züge ihm selbst und anderen schweren Schaden zufügen. Zusätzlich muß er erfahren, daß er diesbezüglich lernen kann, seinem Narzißmus die Spitze zu nehmen, zu seinem und der anderen Vorteil.

Auf dem Hintergrund dessen, was wir über solche Menschen wissen, können wir ahnen, daß es nicht leicht sein wird.

Ein kurzes Beispiel soll die Arbeit verdeutlichen.

Phil, ein dreiunddreißigjähriger Jazz-Trompeter, kam zur Therapie wegen einer gravierenden depressiven Verstimmung und wegen Angst vor einem Herzinfarkt bei fehlendem organischen Krankheitsbefund. Er war mit einer Lehrerin verheiratet und hatte zwei Töchter, drei und sechs Jahre alt.

Zuerst beklagte er sich über das mangelnde Verständnis seiner Frau, die ihn ständig bei seiner Karriere behindere. Sie versuche immer, ihn „einzusperren", damit er nicht mit anderen Frauen in Kontakt kommen könne. Das habe in letzter Zeit Ärger und Niedergeschlagenheit bei ihm hervorgerufen. Die Depression brach aber erst richtig aus, als eine neue Band, zu der sich einige gute und bekannte Musiker zusammengeschlossen hatten, einen anderen Trompeter engagierte. Er fühlte sich übergangen und verraten. Zum ersten Mal in seinem Leben fing er an, an seinem Talent zu zweifeln und dachte, er werde nie richtig Erfolg haben. Alles Gute bisher sei Zufall gewesen, in Wirklichkeit sei er nichts wert.

Aus dem, was er mir aus seinem Leben erzählt hatte, nach den Schilderungen seiner Frau und nach meinem persönlichen Eindruck, lag bei Phil neben den anderen Problemen eindeutig eine narzißtische Persönlichkeitsstörung vor. Er konnte seine Ansprüche an sich, an andere und an das Leben schlechthin kaum zähmen. Er ließ sich dabei schnell entmutigen, war übersensibel gegenüber Kritik und neigte zu vehementen Temperamentsausbrüchen, die er sehr schlecht kontrollieren konnte.

Zu Beginn unserer gemeinsamen Arbeit war Phil sehr kooperativ. Er lernte relativ schnell, wieder aktiv zu werden und erzielte erste Erfolge, die ihn aufmunterten. Er war auch bald in der Lage, seine schwärzesten Gedanken („Niemand will etwas von mir wissen") zu hinterfragen („Wo sind die Beweise?") und konnte in vielen Fällen feststellen, daß sie die Wirklichkeit nur verzerrt wiedergaben („Ich habe John angerufen, und er wollte sich unbedingt mit mir verabreden"). Er erfuhr auch, daß seine Herzbeschwerden verschwanden, wenn er aktiv war, Sport trieb oder sich einfach auf etwas Wichtiges konzentrierte. Dadurch fing er an, den Ärzten zu glauben, die ihm alle versichert hatten, er sei organisch völlig gesund. Diese Therapiephase, die zwei bis drei Monate dauerte, brachte eine wesentliche Besserung seines Befindens. Phil war sehr dankbar und sprach davon, die Therapie bald zu beenden.

Es wäre ungeschickt gewesen, das meinerseits zurückzuweisen, aber ich fragte ihn: „Glauben Sie nicht, daß es wichtig wäre, genauer zu klären, warum Sie überhaupt in diesen Zustand geraten sind?" Das leuchtete ihm ein, ging es doch darum, solche Pannen in Zukunft zu vermeiden.

Wir machten uns gemeinsam daran, die Entstehung seiner depressiven Verstimmung zu analysieren.

Ein erster Auslöser war das Verhalten seiner Frau gewesen. Sie schien ihm wenig zugewandt, oft ärgerlich oder einfach niedergeschlagen. Phil hatte das alles als Desinteresse an ihm und als mangelnde Liebe interpretiert.

Zwei bis drei ausführliche Gespräche gemeinsam mit der Frau ergaben ein anderes Bild. Sie fühlte sich seit Jahren vernachlässigt, unwichtig und dachte, er beziehe sie nicht mehr in sein Leben ein. Phil fiel aus allen Wolken. Das hatte er nicht erwartet. Dann versuchte er abzuwiegeln und meinte, sie hätte sich das alles nur eingebildet. An der Stelle mußten wir konkreter werden. Beide führten über einen bestimmten Zeitraum Aufzeichnungen über kleine Alltagsbegebenheiten, die jedem von ihnen wichtig erschienen. Dann wurde gemeinsam verglichen, was wirklich abgelaufen und wie es angekommen war. Kam die Frau aus der Schule und fragte, was hast du denn heute gemacht, so legte Phil das als Anzeichen von Mißtrauen aus. Er antwortete, frag nicht schon wieder. Seine Frau aber wollte wissen, ob er geübt habe, weil sie wußte, daß es ihm gut tat. Seine Antwort hatte sie verletzt, und das konnte Phil wiederum nicht verstehen, weil er es ihr nicht angesehen hatte. Auf dem Hintergrund dieser und aus anderen Erfahrungen war Phil bereit zuzugeben, daß es für ihn wichtig wäre zu lernen, die Reaktionen anderer auf sein Verhalten besser wahrzunehmen und genauer einzuschätzen. Er hatte sich nie besonders den Kopf darüber zerbrochen, wie er sich anderen gegenüber verhält und was er dadurch bei ihnen auslöst. So hatte er den Mitgliedern der zukünftigen Band gesagt, als eine ihrer Fragen ihm nicht gefiel: „Dann nehmt einen anderen." In Wirklichkeit vertraute er fest darauf, es komme überhaupt kein anderer in Frage. Phil erkannte das Problem, und wir übten systematisch verschiedene Formen, um etwas auszudrücken, und er versuchte abzuschätzen, welche Wirkung es jeweils bei anderen hinterließ. Phil lernte auch rückzufragen. Was hast du gedacht, als ich dies gemacht oder gesagt habe? Nach einiger Zeit kam er sich dabei nicht mehr dumm vor.

Er lernte auch seine Überempfindlichkeit zu kontrollieren. Er erfuhr, daß wenn ihm etwas gegen den Strich ging, dann mußte er nicht auf dem ersten Gefühl der Wut oder des Beleidigtseins sitzenbleiben. Er konnte die eigenen Reaktionen hinterfragen („Reagiere ich nicht zu stark?") und war schließlich in der Lage, die Absichten der anderen differenzierter zu beurteilen („Will er mich wirklich beleidigen?").

Sprach alles dafür, daß er angegriffen wurde, so sollte er sich mit angemessenen Mitteln wehren, aber nicht auf bloßem Verdacht hin zuschlagen.

Auf die Art gelang es allmählich, Phils Frustrationstoleranz im zwischenmenschlichen Umgang zu erhöhen.

Aber sie war auch sonst sehr gering. Wollte er etwas erreichen und hatte nicht sofort Erfolg, so ließ er sich schnell entmutigen und gab auf. Alles oder nichts. Jetzt oder nie. Er mußte die Kunst der Zwischenschritte erlernen. Bei vielen Unternehmungen ist es wichtig, zwischen Nahzielen, Zwischenschritten und dem letztlich angestrebten Ziel zu unterscheiden. Wenn er einen

Vertrag für ein Konzert abschließen will, so kann er zuerst an einen Veranstalter herantreten und ihm frühere Bänder überlassen. Er soll sie bei Gelegenheit anhören. Der Veranstalter muß einem nicht schon in der Tür um den Hals fallen und ausrufen: „Auf Sie habe ich schon seit zehn Jahren gewartet." Nach zwei Wochen ruft man ihn dann an und fragt, ob er schon die Gelegenheit reinzuhören hatte und so weiter.

Phil mußte lernen, systematischer vorzugehen und ausdauernder zu werden. Nicht immer muß alle Bestätigung von außen kommen und das sofort. Man kann sich zwischendurch auch selber sagen, was ich mache, ist nicht schlecht, ich habe eine gute Chance. Auch dabei machte er Fortschritte: beim Aufbau eines solideren Verhaltens und einer festeren Persönlichkeit.

Parallel dazu und vor allem zum Schluß gingen wir die ganze Gelegenheit mehr vom Grundsätzlichen her an. Ich half ihm dabei, seine Lebensregeln, die hinter seinen bisherigen Reaktionen steckten, zu formulieren. Zum Beispiel: „Wenn ich nicht gleich das Höchste erreiche, hat alles keinen Zweck." Stimmt das so? Welche Konsequenzen hat es, wenn man so denkt? Kann man die Regel nicht differenzierter und flexibler gestalten? Man behält den wahren Kern und wirft die ganzen schädlichen Überspitzungen über Bord. Wie wäre es mit: „Es ist gut, etwas erreichen zu wollen, aber unter schwierigen Umständen muß man erst einmal auch kleine Erfolge würdigen." Oder die Forderung: „Alle haben sich mir in allem und zu jeder Zeit unterzuordnen." Nicht daß er bewußt so gedacht hätte, aber er verhielt sich so, als sei dies seine oberste Maxime. Wie wäre es mit dem Leitsatz: „Manchmal stehen meine Bedürfnisse im Vordergrund, manchmal die der Frau und der Kinder. Das ist von Fall zu Fall zu entscheiden." Und so ging es weiter, fast ein Jahr lang.

Ich will nicht sagen, daß Phil ein ganz anderer Mensch wurde. Das hätten wir alle auch gar nicht gewollt. Aber er wurde anders in vielerlei Hinsicht, und das war gut. Aber wurde er in Wirklichkeit nicht einfach: mehr der Phil?

Wir haben alle zu bestimmten Zeiten das Gefühl, in die falsche Welt eingestiegen zu sein.

Randvoll mit Ekel, starr vor Wut, tieftraurig, vor Angst schlotternd oder schlicht unbemerkt stehen wir dann da.

Gleichzeitig dürfen wir am Spektakel anderer teilnehmen, die Brücken einweihen, die Nachrichtensprecherin in den Arm nehmen oder die Welt umsegeln. Zu guter Letzt spricht noch ein Idiot vom Jahre 2010, und man fängt an zu rechnen. Dann erheben wir uns kurz gegen die Götter, aber sehr kurz, denn es ist anstrengend. Wir verfielen anschließend endlos der Griesgrämigkeit oder jagten uns selber in die Luft, wäre da nicht der Narzißmus, den wir schätzen gelernt haben.

Wie schützt er uns denn? Er schützt uns einmal, indem er dafür sorgt, daß wir uns nicht selber übersehen. Wenn wir immer nur nach außen blicken auf die anderen, laufen wir Gefahr, uns darin zu verlieren. Wir sind umgeben von Menschen, die schöner sind, reicher, intelligenter und tüchtiger. Ja, es gibt sogar viele, die mehr leiden als wir. Gesunder Narzißmus greift an der Stelle mildernd ein: Wir sind auch wer. Er verzerrt ein wenig unsere Wahrnehmung, betont unsere Stärken, bei den anderen hingegen die Schwächen und beleuchtet unsere Problemchen so geschickt, daß wir den nötigen Ernst dafür aufbringen. So weit ist das doch ganz gut.

Aber heißt das nicht auch, daß wir uns Illusionen machen über unsere Wichtigkeit und über unsere Zukunft? Das heißt es sicher bis zu einem gewissen Grad, aber daran ist nichts Schlimmes, wenn es uns hilft und wir die Wirklichkeit noch ausreichend mit einbeziehen.

Gute Illusionen, ob sie uns selbst oder andere betreffen, müssen an der Wirklichkeit korrigierbar sein.

Wenn ich mich für einen großen Schriftsteller halte, so ist das in Ordnung.

Wenn ich mich für einen großen Schriftsteller halte und keine Zeile schreibe, so ist das auch in Ordnung: Ich bin ein großer Schriftsteller, der momentan nicht schreiben kann.

Wenn ich viele Jahre momentan nicht schreiben kann, bin ich ein verhinderter Schriftsteller: Wäre im Leben alles besser gelaufen, dann ...

Wenn ich viele Jahre davon gezehrt habe, daß ich ein großer, verhinderter Schriftsteller bin, dann ist es vielleicht an der Zeit, mich für einen großen Tangotänzer zu halten.

So ist das alles noch in Ordnung.

Übermäßiger Narzißmus ist zu verbissen und zu unflexibel. Die Wirklichkeit wird geopfert, die Anstrengungen, die nötig sind, um die Illusion aufrechtzuerhalten, werden immer verbissener und verkrampfter. Sie vergiften das ganze Leben und zwingen die anderen zu immer grobschlächtigeren Lügen, bis sie nicht mehr können.

Wechseln wir doch von Zeit zu Zeit unsere Illusionen. Behalten wir die, die nicht allzu blaß in der Landschaft stehen, wir dürfen sie sogar pflegen, man weiß ja nie.

Überprüfen wir auch gelegentlich die Affekte, die bestimmte Dinge uns abverlangen. Die Stärke der Gefühlsreaktionen auf Situationen des Lebens ist großen Schwankungen unterworfen. Bin ich ständig mit demselben konfrontiert, nimmt sie mit der Zeit ab. Man nennt das Gewöhnung. Mit der Distanz zu vergangenen Ereignissen wird sie auch geringer. Man nennt das Vergessen. Bei narzißtischen Kränkungen, die wir alle kennen, scheinen diese Verhältnisse nicht zu stimmen. Wir bleiben dann an Gegenwärtigem oder Vergangenem kleben und verschwenden unentwegt ein riesiges und schmerzhaftes Ausmaß an Energie, um nicht zu vergessen oder nicht unseren Frieden zu machen.

Wir liegen dann nachts wach im Bett und stechen zum tausendstenmal dem die Augen aus, der uns vor Jahren verriet. Der ironische Blick des Bürokollegen, derselbe Blick seit sieben Jahren, treibt uns jeden Tag erneut zur Weißglut.

Wie konnte sie bloß? Er darf doch nicht!

Muß das sein? Sie konnte! Er darf! So ist das.

Etwas mehr Gelassenheit wie bei Benn:

Gong – ich verschenke die Welt
wem sie genügt soll sich erfreun:
Der Spieler soll nicht ernst werden
der Trinker nicht in die Gobi gehn,
auch eine Dame mit Augenglas
erhebt Anspruch auf Glück:
Sie soll es haben –
Still ruht der See
vergißmeinnichtumsäumt,
und die Ottern lachen.

Keine Gleichgültigkeit, kein Kleinbeigeben, bloß ein bißchen mehr Gelassenheit.

Schließlich ein ganz leises Wort für etwas mehr Eleganz im Umgang mit sich selber und mit anderen.

Etwas leiser sein. Ich muß nicht immer alle Trommelfelle im Umkreis platzen lassen, um zu zeigen, daß ich auch hier bin. Man merkt es auch so.

Signora, einmal Spaghetti Napoli, bitte.

Etwas Schönes erleben und es nicht gleich jedem weitererzählen. Eine göttliche Übung, sie macht richtig froh.

Öfters nichts sagen, und vor allem allein sein können. Auch manchmal ein bißchen einsam.

Das Größte in der Welt ist es zu wissen, daß wir uns selber gehören, meint Montaigne.

Als ich neulich meinen Bekannten Schwarz traf, fragte er: Wie ist es gewesen? Ich sagte: O Gott! Er wirkte nicht erstaunt. So ist er.

Der Zufall eines Achsenbruches trieb einen Prominenten in Jonnys lärmende Straße. Der eilte herbei und fragte: Bin ich es, der sie gestern im Fernsehn gesehen hat? Der andere antwortete: Ja, ich bin es, der ich es war, der ich gestern im Fernsehn war.

Dieser Mensch steht im öffentlichen Nebel.

Butts hat mich kein einziges Mal zitiert. Ich habe Aristoteles und Montaigne zitiert.

Der Nachbar schweigt. Alfred fragt sich den ganzen Tag, warum.

Pratt hat Miß Spreewald eingestellt. Sie bewegte die Kähne mit bloßen Armen.

Sascha hat einen Matisse an der Hand. Der traurige König. Skizze.

Lily ist tot. Im Dickicht?

Gleichwohl schlürfen hausgemachte Puten auf sülzigen Keulen durch die Fleischerei Wohlleben.

Literatur

Allport, W. Gordon: Werden der Persönlichkeit. Verlag Hans Huber, Bern, 1958

Baumann, Zygmunt: Tod, Unsterblichkeit und andere Lebensstrategien, Fischer Verlag, Frankfurt, 1994

Benn, G.: Lyrik. Limes Verlag, Wiesbaden, 1956

Burger, H.: Schilten. Fischer Verlag, Frankfurt, 1979

Cioran, E. M.: Lehre vom Zerfall. Verlagsgemeinschaft E. Klett – J. G. Cotta'sche Buchhandlung Nachf. GmbhH, Stuttgart, 1979

Cioran, E. M.: Der Absturz in die Zeit. Verlagsgemeinschaft E. Klett, Stuttagrt, 1980

Dawkins, Richard: Das egoistische Gen. Springer-Verlag, Berlin, 1978

Deneke, F.-W., Hilgenstock, B.: Das Narzißmusinventar. Verlag Hans Huber, Bern, 1989

Goffman, Erving: Wir alle spielen Theater. Piper & Co. Verlag, München, 1969

Henseler, Heinz: Narzißtische Krisen / Zur Psychodynamik des Selbstmordes. Rowohlt, Reinbek, 1974

Hoffmann, Nicolas: Verhaltenstherapie und Kognitive Verfahren. Pal Verlag, Mannheim, 1990

Hoffmann, Nicolas: Seele im Korsett. Herder Verlag, Freiburg, 1994

Löwen, Alexander: Narzißmus. Die Verleugnung des wahren Selbst. Goldmann Verlag, München, 1986

Marquard, Odo: Abschied vom Prinzipiellen. Reclam, Stuttgart, 1982

Marquard, Odo: Skepsis und Zustimmung. Reclam, Stuttgart, 1994

Maslow, Abraham H.: Motivation und Persönlichkeit. Rowohlt, Reinbek, 1981
Mummendey, Hans Dieter: Psychologie der Selbstdarstellung. Verlag für Psychologie, Göttingen, 1990
Ovid, P.: Metamorphose. Reclam, Stuttgart, 1984
Savater, Fernando: Tu was du willst. Campus Verlag, Frankfurt, 1994

Lebenswissen

Joachim Engl/Franz Thurmaier
Wie redest du mit mir?
Fehler und Möglichkeiten in der Paarkommunikation
Band 4364

Wie man – statt in Vorwürfen steckenzubleiben – richtig spricht und
zuhört, Gefühle und Wünsche ausdrückt, Probleme in konstruktiver
Weise löst.

Maria Beesing/Robert J. Nogosek/Patrick H. O'Leary
Das wahre Selbst entdecken
Eine spirituelle Einführung in das Enneagramm
Band 4347

Das Enneagramm fasziniert als uraltes Mittel zur Selbsterkenntnis.
Psychologische und spirituelle Zusammenhänge werden aufgezeigt.

C. G. Jung
Ein großer Psychologe im Gespräch
Interviews, Reden Begegnungen
Band 4346

Die packende Begegnung mit einem faszinierenden Kenner
der menschlichen Seele und bedeutenden Wissenschaftler.

Kathleen V. Hurley/Theodore E. Dobsen
Wer bin ich?
Persönlichkeitsfindung mit dem Enneagramm –
Der Schlüssel zum eigenen Charakter
Band 4312

Jeder Mensch trägt ein verborgenes Unterbewußtsein in sich.
Mit Hilfe des Enneagramms und detaillierten Anweisungen kann man
sein ganz individuelles Persönlichkeitsmuster erforschen.

HERDER / SPEKTRUM

Nicolas Hoffmann
Seele im Korsett
Innere Zwänge verstehen und überwinden
Band 4303
Zwangshandlungen – eine der gravierendsten Persönlichkeitsstörungen
unserer Zeit. Ein Aufklärungs- und Orientierungsbuch zum Umgang
mit den eigenen Zwängen.

Eckhart H. Müller
Ausgebrannt – Wege aus der Burnout-Krise
Band 4266
Wie sehen die ersten Anzeichen des Burnout aus?
Was kann man tun, um eine echte Krise wirksam zu verhindern?

Verena Kast
Sich einlassen und loslassen
Neue Lebensmöglichkeiten bei Trauer und Trennung
Band 4261
Den Blick nach vorn richten, eine neue Lebens-Leidenschaft
entwickeln: Das sind Chancen, die das Leben auch im Loslassen
reicher machen.

Hermann Bullinger
Männer erwachen
Gefühle neu entdecken – Beziehung neu erleben
Band 4256
Was Männer reif macht. Die Quintessenz der aktuellen Männerliteratur
in einem Band. Mit zentralen Texten von Keen, Wieck, Kast u. a.

Ruth C. Cohn
Es geht ums Anteilnehmen
Die Begründerin der Themenzentrierten Interaktion zur
Persönlichkeitsentfaltung
Band 4224
Ganzheitliches Miteinanderlernen als Grundprinzip: eine
partnerschaftliche Methode, entwickelt von einer inspirierenden Frau.

HERDER / SPEKTRUM

Liliane Juchli
Wohin mit meinem Schmerz?
Hilfe und Selbsthilfe bei seelischem und körperlichem Leiden
Band 4212
Wann helfen Medikamente oder Psychotherapien? Wo sind Naturheil-
mittel sinnvoll? Die erfahrene Schmerztherapeutin gibt Antwort.

Erich Fromm
Leben zwischen Haben und Sein
Herausgegeben von Rainer Funk
Band 4208
Wie können wir die Kunst des Lebens neu erlernen? Antworten,
die überzeugen. Mit zahlreichen bisher unveröffentlichten Texten.

Rudolf Köster
Im Gleichgewicht bleiben
Umgang mit seelischen Belastungen
Band 4198
Der praxiserfahrene Arzt zeigt, wie die seelischen Ursachen
körperlicher Erkrankungen überwunden werden können.

Ellen Fischer
Warum ist das gerade mir passiert?
Wie wir Krankheit deuten und bewältigen
Band 4194
Die Beispiele aus der täglichen Erfahrung einer Ärztin machen deutlich,
wie ein produktiver Umgang mit Krankheit möglich ist.

Gina Kaestele
Umarme deine Angst
Neun Helfer zur Verwandlung von Hilflosigkeit und Angst
Das praktische Selbsthilfeprogramm
Band 4179
Die erfahrene Therapeutin zeigt, wie sich Unsicherheit und Angst in
positive Kraft verwandeln lassen.

HERDER / SPEKTRUM

Elisabeth Lukas
Gesinnung und Gesundheit
Lebenskunst und Heilkunst in der Logotherapie
Band 4172
Ein Buch, das die Balance zwischen Körper, Geist und Seele
wiederherstellt.

Udo Kittler/Friedhelm Munzel
Lesen ist wie Wasser in der Wüste
Band 4123
Bücher sind Oasen in der Wüste des Alltags. Ermutigungen zu einer
neuen Lebens- und Lesekultur.

Rudolf Köster
Was kränkt, macht krank
Seelische Verletzungen erkennen und vermeiden
Band 4122
Rudolf Köster legt die subtilen Mechanismen seelischer Kränkung offen
und deckt ihre psychosomatischen Folgen auf.

Knud Eike Buchmann
Die Kunst der Gelassenheit
Im Alltag aus der Mitte leben
Band 4120
Knud Eike Buchmann lehrt die Kunst der Gelassenheit.
Ein Buch für Leute, die die Ruhe weg haben wollen.

Rüdiger Rogoll
Nimm mich, wie ich bin
Lieben und Lassen in der Partnerschaft
Band 4102
Rüdiger Rogoll entwirrt die komplizierten Regeln von Psychospielen
in der engen Beziehung zwischen Menschen.

HERDER / SPEKTRUM

Chérie Carter-Scott
Negaholiker
Das Rettungsbuch für alle Schwarzseher und notorischen
Pessimisten
Band 4075
Das praktische Selbsthilfeprogramm für alle, die sich weniger zutrauen,
als sie wirklich können. Ein wahrer Lichtblick.

Viktor E. Frankl
Psychotherapie für den Alltag
Band 4072

Werner Rautenberg/Rüdiger Rogoll
Werde, der du werden kannst
Persönlichkeitsentfaltung durch Transaktionsanalyse
Band 4062
Dieses Buch hilft, die eigene Lebensgeschichte zu entziffern und alle
Möglichkeiten zur persönlichen Entfaltung zu nutzen.

Rüdiger Rogoll
Nimm dich, wie du bist
Wie man mit sich einig werden kann
Band 4046
Transaktionsanalyse konkret: Wer innere Konflikte aufarbeitet,
kommt auch mit seinen Mitmenschen besser zurecht.

Viktor E. Frankl
Das Leiden am sinnlosen Leben
Psychotherapie für heute
Band 4030
„Hier geschieht (was so oft versprochen und selten eingehalten wird)
echte Lebenshilfe!" (Bücherbord).

Verena Kast
Loslassen und sich selber finden
Die Ablösung von den Kindern
Band 4002
Phasen und Chancen im Ablösungsprozeß von den Kindern.

HERDER / SPEKTRUM

Wege zum Ich

Gillian Holloway
Der Traumführer – Wege zum Selbst
Fünf Schritte, die Botschaft der Träume zu entschlüsseln
192 Seiten, Paperback
ISBN 3-451-23694-X

Andreas Hamburger
Wenn Paare sich im Traum begegnen
Paarträume – Die verborgenen Seiten der Partnerschaft
160 Seiten, Paperback
ISBN 3-451-23573-0
Wenn Partner die Sprache ihrer Träume verstehen,
gestalten sie das Zusammenleben vertrauter und farbiger.

Arthur Samuels/Elisabeth Lukas
Im Einklang mit dem inneren Kind
Ein meditativer Weg zu sich selbst
160 Seiten, Paperback
ISBN 3-451-23125-5
Durch Meditation zu Kontakt, Versöhnung und Verbündung
mit dem „inneren Kind".

Hildegund Fischle-Carl/Marina Fischle-Lokstein
Selbstbewußt und lebensfroh
Psychologie für einen leichteren Alltag
160 Seiten, Paperback
ISBN 3-451-23123-9
Hilfreiche Wege zu einem bewußteren, glücklicheren Leben.

Petra Knapp
Das Leben ist kurz – worauf wartest Du noch?
224 Seiten, Paperback
ISBN 3-451-23098-4
Uns selbst erkennen und den Sinn unseres Lebens verwirklichen.

Herder Freiburg · Basel · Wien